競争と秩序

東南アジアにみる民主主義のジレンマ

川中豪

Takeshi Kawanaka

白水社

競争と秩序——東南アジアにみる民主主義のジレンマ

目　次

プロローグ

一九八六年二月。マニラ首都圏の主要幹線道路、エドサ通りに、多くの市民が繰り出した。その数週間前に実施された不正な大統領選挙で、政権に対する市民の不信は頂点に達していた。国軍内部で反乱が起こり、この反乱者たちを守ろうというカトリック教会の呼びかけに市民たちが応じたのである。長期にわたって独裁的な権力を誇ったフェルディナンド・マルコス大統領は、権力の座を追われ、フィリピンはアジアにおける民主化の「第三の波」の先駆けとなった。

それから一五年たった二〇〇一年一月。同じエドサ通りに、ふたたび多くの市民たちが集まった。二年半前の選挙で圧勝したジョセフ・エストラーダ大統領に、辞任要求を突きつける集会だった。しかし、それは独裁政権打倒のための行動ではなかった。違法賭博の収益の独占、株価操作、その他、多くのスキャンダルにまみれた大統領を、弾劾裁判という手続きで排除する見込みがなくなったことに失望した市民たちが起こした行動だった。閣僚、警察、軍が政権支持を撤回するなか、エストラーダ大統領は自ら辞任した。

さらに一五年がたった二〇一六年五月。大統領選挙の投票日を目前に控え、マニラのルネタ公園は一人の候補を支持する人々で溢れかえっていた。地方都市の市長だったその候補、ロドリゴ・ドゥテルテは、民主化の立役者の息子、ニノイ・アキノ三世大統領を正面から批判するとともに、自らの政権を脅かす試みへは徹底して対抗し、また、秩序を乱す犯罪者には必ず罰を与えると述べた。二カ月後、彼は権力者となり、約束どおり麻薬密売者たちを路上で殺害し、政権に批判的なメディアや政治家を抑圧することになる。

民主化後三〇年を経て、フィリピンは、民主主義の手続きに沿って問題を解決できず、さらには法の支配や自由権が後回しにされる状況に置かれている。

こうした民主主義のゆらぎは、フィリピンだけにみられるものではない。近隣の東南アジアはもとより、広く世界に目を向ければ、程度の差はあれ、世界中の多くの民主主義が、同様の問題を抱えていると気づかされる。それは二〇世紀に民主主義に転じた新興民主主義に多くみられるが、近年は古参の民主主義にも同じような現象を見つけることができる。

一九八〇年代以降に世界中で進んだ民主化は、人々に希望を持って迎えられた。しかし、多くの国が民主主義のもとで政治秩序の流動化、不安定化を経験している。権力をめぐる競争が激化し、街頭での暴力的衝突など民主主義制度の枠からはみ出すこともある。そして、いくつかの国では、権力がふたたび大統領や首相に集中するようになり、人々の市民的自由に徐々に制約が加えられている。メディアへの圧力、司法への介入、法の支配の軽視が広く観察されるようになった。「民主主義の後退」と呼ばれるこうした現象は、二〇〇〇年代に入り大きく注目されている。

また、民主主義的な外形を整えながら、巧みに民主主義の制度を利用して、権威主義的な権力独占が維持されている事例も少なくない。支配政党が決して負けることのない選挙システムを設計し、圧勝する。民主主義と権威主義の融合は、民主主義をめぐるもうひとつの重要な課題である。

民主化を目標としていた二〇世紀後半が終わり、世界の多くの国が民主主義のもとに置かれるようになった二一世紀には、民主主義の秩序をどうすれば安定的に維持できるのかという課題が突きつけられている。その意味で民主化は物語の終わりではなく、新しい物語の始まりだった。

民主主義の直面する課題の根源にあるのは、競争と秩序というジレンマである。民主主義が深まれば、自由な競争が展開されるが、それは往々にして無秩序な競争にもなりうる。それでは秩序を重視すればよいかといえば、秩序への過度の傾斜は権威主義的な統制を呼び込む。このジレンマを解消するには、民主主義の制度がさまざまな利益を調整し、人々に民主主義にとどまろうと思わせるだけの満足を与えることが重要である。しかし、それがなかなかできない。

本書は、この民主主義のジレンマを比較政治学の知見にもとづいて説明しようと考える。民主主義の直面する課題を理解するには、その課題の根源にどのような原因があるのかを示す理論が欠かせない。政治現象が生み出される因果メカニズムの解明を主な目的のひとつとする比較政治学は、民主主義に関わるさまざまな理論と検証を蓄積してきた。その蓄積を基礎にして、現代の民主主義が抱える問題が生まれる仕組みを示そうと思う。

こうした作業には、具体的な事例に即して検討することが不可欠である。そのために、本書は、東南アジアの事例を参照する。民主主義の困難な歩みを経験してきた東南アジアは、貴重な情報を提供してくれる。この地域では、民主主義制度から外れた直接的な権力奪取の試み、流動的な政治秩序、民主主義と権威主義の融合など、現代の民主主義を考えるうえで重要な主だった論点をいくつも容易に見いだすことができる。東南アジアの事例を通じて具体的に考えながら、民主主義一般に通底する問題を解き明かしたい。

こうした目的に向かって、まずは、民主主義を分析する視角を整理することから始めよう。

第1章　民主主義を分析する

一　政治体制としての民主主義

政治は人々に利益をもたらすためにある。そのためには、人々の意向をくみ取り、政策に反映させる必要がある。人々は、必ずしも、自分たちにとってどのような政治が本当に利益をもたらすのかについて十分な情報を持ち合わせているわけではない。だが少なくとも、絶えずその政治が人々にとって望まれたものとなっているかどうかを確認する必要はある。その際、もし、多くの人の利益を考えるのであれば、すべての人々の声は平等に尊重されなければならない。そのためには人々が自由に自分の意見を表明できなければならない。民主主義の土台にある政治と人々の関係についての考え方はこうまとめられるだろう。

このような理念は政治制度を通じて具体化される。制度とは個人や集団の行動に制約を与えるルールである。政治に限っても制度は多くの領域、たとえば選挙、議会、官僚、地方統治、政党などに存在し、その種類は、小選挙区制・比例代表制、議院内閣制・大統領制などさまざまである。こうした制度が組み合わさったまとまり全体が政治体制である。そして、政治体制は国家と社会の関係を律する。そこには国家から社会への働きかけである統治の仕組みがあるとともに、逆に社会から国家への働きかけとなる権力者の選出や権力者の監視の仕組みもある。

規範的な議論から離れた実証主義的な政治学、つまり、政治が「どうあるべきか」ではなく「どうなっているか」を明らかにする政治学、その代表である比較政治学では、政治体制の類型のひとつとしてこの民主主義を扱う。日本語で「主義」という言葉がついているためにイデオロギーと誤解されがちだが、比較政治学では、民主主義とは政治がどのように運営されるかを規定するルールの束のあるひとつの形態を意味する。よく知られているように、政治体制のもうひとつの重要な類型は権威主義である。

この政治体制の類型としての民主主義を具体的に検討するためには、そもそも政治体制を分類する基準が必要である。つまり、特定の政治体制が民主主義であるかないかを判断するためのわかりやすい定義である。しかし、民主主義は使い古された用語だけに、さまざまな思いが投影され、合意できる定義を見つけるのはそれほど簡単ではない。

比較政治学のなかでも異なる議論があるものの、本書では、ある政治体制が民主主義であるには以下の三つの条件が必要と考える。[1] ひとつは、自由で公正な選挙が保障されていること。そこでは異なる意見を持つ諸政党、諸候補が同じ条件で競争に参加することが重要となる（多元性）。もうひとつは、所得や職業、民族や性別といった属性にかかわらず、すべての成人となった市民が選挙に参加して権力者を選択することができること（包括的政治参加）。この二つは伝統的な定義の主要な柱である[2]。くわえて、表現の自由や結社の自由など市民的な自由が保障されていることが、民主主義制度の健全な運営には不可欠である（市民的自由）。

ここで重要なのは、政治によって人々の利益が実際に実現されているか否かという実質的な効果を定義に含めないことである[3]。手続き的な面を中心に据えて外形的に識別できるようにすることで、制度の束としての政治体制の特徴を適切にとらえることが可能になり、評価をめぐって議論が平行線をたどるのを防ぎやすくなる。

二　「民主化」から「民主主義のあり方」へ

表面的に受容しているにすぎない場合もあるが、多くの国で民主主義の制度は受け入れられ、すでに民主主義体制を有する国は国際的に多数派となった。少なくとも、国民が平等にその国の政治に参加する権利を持つという包括的な政治参加は、国際的にはすでに標準的な制度である。市民権を持つ成人であれば、所得や性別に関わりなく選挙に参加できる制度が広く確立されている。

しかしながら、民主主義体制が国際的に多数派となったのはそう古いことではない。それは世界規模の戦争、植民地支配の解体、急速な経済成長などの劇的な変化を経験した二〇世紀がもう終わろうかというころであった。一九七〇年代後半から民主化の「第三の波」[4]と呼ばれる民主化の大きな流れによって、民主主義を採用する国々が多数派を占める状況が生まれたのである。政治体制を分類したデータセットとしてよく知られるV‐Demの指標[5]にもとづいて計算すると、[6]一九七〇年時点で民主主義に分類される国は全体の二三・一％（一五六カ国中三六カ国）にすぎなかったが、二〇二〇年時点では全体の五一・四％（一七九カ国中九二カ国）になっている。[7]アジアにおいても一九八六年のフィリピンを皮切りに、一九八七年の韓国、台湾、一九九二年のタイ、一九九八年のインドネシアと民主化が大きく進んだ。

このような民主化の進展を反映して、一九八〇年代から一九九〇年代には民主化のメカニズムを解明することが政治学者の関心を集め、理論と実証双方で多くの研究が生み出された。そこでは、経済成長や社会階層の変化、冷戦終結といった国際関係の変化、あるいは強権的な政権内で対立するグループの動きにその原因を求める理論が示された。そして、民主化の大きな波の発生は、その後も民主化が不可逆的に進んでいくという見込みを生み、民主化が進展する高揚感のなかで、表面的に政治的な競争があるようにみえるだけの国々も、民主主義の範疇のなかに含んで理解しようとする傾向もみられた。[8]

二〇〇〇年代になって、民主主義を統治のシステムとして採用する国が多数派となり、民主化の波が一段落して時間がたつにつれて、政治学者たちの関心は変化していった。それまでもっぱら民主化がどのように進むかに払われてきた関心が、民主化した後の政治体制がどのように運営されるのかに向かったのである。このような変化が生まれたのは、民主化によってもたらされた政治体制にさまざまな問題が見つかるようになったためにほかならない。

たとえば、民主主義制度のもとで政治的な競争が激化し、暴力的な行動（街頭での暴動や、選挙時の暴力行使・脅迫）が頻繁に政治競争の場に持ち込まれることが目につくようになった。また、民主主義制度が外形的に維持されているものの、自由な競争が阻害される事例も珍しくない。野党の活動に制約が加えられ、本来は権力を監視すべき機関（代表的なものとして司法）が、権力者（大統領や首相など執政府の長）の実質的な統制のもとに置かれていることにも注意が払われるようになった。

あるいは、政治秩序の不安定化や権威主義的な反動にさらされないとしても、特定の少数派集団（典型的には社会経済エリート）の利益が過度に優遇されて、民主主義が保障するはずの個人一人ひとりが対等な存在であることを実感できない状況が広くみられる。さらには、既存の政治のあり方を破壊することを声高に主張して選挙で勝利し、権力者になってから法の支配や民主的な手続きをないがしろにするような動きも起こっている。

このような問題は、もともとは民主化してまもない新興民主主義に顕著にみられる現象だった。しかし、二〇一〇年代後半からは民主主義体制を長く保持している国においても同様の現象が生まれつつある。もっともわかりやすい例はアメリカである。大統領選挙で敗れた候補者が「選挙は不正に操作された」と主張し、選挙結果を暴力によって破壊しようとする行動が発生した。二〇二一年一月にアメリカ議会が大統領選挙の敗者、ドナルド・トランプ大統領を支持する人々によって襲撃された事件である。民主主義制度へのこのような明確な挑戦は、民主主義のモデルと考えられてきたアメリカに、民主主義的な手段で対立を解消することに同意しない人々が存在することを全世界に知らしめた。

民主主義が直面する問題は、それぞれの国の民主主義の歴史の長さの違いに影響を受け、国よって異なるメカニズムで生まれていると考えられてきたが、新興民主主義国でしかみられなかったような事件がアメリカで発生したことで、新旧いずれの民主主義にも当てはまる共通の問題を見いだすこともできそうに思える。すでに確立されてきたとみられていた歴史ある民主主義国の制度がその能力を失っていく状況を目の当たりにして[9]、今後、新旧を区分する必要がなくなる可能性も見えてくる。

民主化後の民主主義体制に問題が発見され、また、歴史のある民主主義も曲がり角を迎えるようになったなかで、本書では、民主主義全般への示唆を考えながら、とくに新興民主主義を念頭において、民主主義が抱える問題について考えてみたい。古参の民主主義が直面する変化を含め、現在の民主主義全般が抱える問題は、新興民主主義に頻繁にみられる問題の特徴を持っている。新興民主主義の問題を考えることで、民主主義全体の行方を見定めるための足がかりを得られるだろう。

新興民主主義にみられる問題をよく観察してみると、その根底には、自由な競争と政治秩序の維持の二つのバランスがうまくとられず、深刻なトレードオフの関係に陥っていることに気づく。そして、それは、そのバランスをとる機能を担うはずの民主主義制度が十分確立されていないことによって生まれている。サミュエル・ハンチントンはかつて一九六〇年代に、増大する社会の要求に政治制度が応えられないことが民主主義の崩壊を招くと指摘したが[10]、民主化の第三の波以降に関してもその説明のしかたは色あせてはいない。競争と秩序の関係、その関係のあり方を決める制度の機能、能力。これが本書の検討する対象である。

三　競争と秩序のバランス、制度の役割

不安定化のメカニズム

民主主義においては、利益を異にする勢力（通常は政党）が競争し、権力を掌握した勢力が自ら望ましいと考える政策を実施することになる。このような異なる立場の勢力間の競争が保障されている状態は、多元性が確保されているということである。この多元性は、先の包括的な政治参加と並んで、民主主義にとって重要な柱のひとつである。

しかし、この競争が激化しすぎて一定の枠からはみ出るようになると、それはそれで厄介な状況となる。無秩序な争いが生まれ、社会全体の利益が大きく損なわれる可能性が出てくるからだ。こうした競争の激化にはいくつかの条件があるが、とくにわかりやすいのが、競争の勝者が圧倒的な権力を得ることができる制度の存在である。

競争に勝った者があらゆる政策を思いのまま決定することができ、その決定の影響力が非常に大きければ、何が何でも権力を獲得したい、そのためには手段を選ばない、という誘惑が強くなる。これは民主主義を不安定化させる。たとえば、競争の激化は選挙不正のような競争の公正さを損なう行為を誘い、さらには、直接暴力を使って権力を奪おうと考える集団も出てきやすい。あるいは、選挙結果に対し抗議行動が頻発する状況に陥ることもある。

もし、競争が過激になり、事態が混乱すれば、秩序の回復が求められる。それが民主主義制度を遵守することで果たされるのであれば民主主義は安定する方向に向かうが、秩序回復を大義名分として掲げた強権的な支配によって生み出されることも多い。強権的な支配では自由な競争が抑制され、権力者の意図に従った政策が実施されていく。社会に存在するさまざまな利益の調整も諸集団の間の競争と妥協によって進められるのではなく、権力者によって強制的に調整が試みられる。競争が制限されていても、うまく利益が調整されているならばその体制は多くの人々に受け入れられる可能性がある。

しかし、それは必ずしも安定を保障しない。権力や政策の恩恵から外されている集団が権力者に抵抗するのに十分な力を持つようになれば、政治秩序を変更しようとする行動が生まれるだろう。自由な競争がないところでは、権力者は人々の選好や満足の度合いを知ることが難しい。自由な選挙があればこそ、政権や政策への不満を得票数という指標で確認することができるし、選挙運動が展開される過程で人々からの要求を聞く機会も生まれる。だが、自由な競争がない場合、そうした機会が閉ざされ、適正な利益調整は至難の業となろう。利益調整の不十分さという歪が蓄積されて、不満を持つ人々から自由な競争を求める動きが発生する。

ただし、強権的な支配が崩壊したとしても、その後に自由な競争がふたたび展開されるとは限らない。別の強権的な政権に交代するだけということも稀ではない。そうすると問題の根本的な解決は遠のく。

制度による調整の成否

自由な競争が行きすぎると秩序が壊れ、秩序を重視しすぎると自由な競争が制限される。こうみると、競争と秩序はトレードオフの関係にあるという印象を与えるだろう。しかし、この二つを両立させることは必ずしも不可能ではない。それには人々から信頼される制度の確立が必要である。

選挙や議会、その他のさまざまな制度にのっとって競争することによって、人々が十分な利得を確保する見込みが与えられていれば、競争と秩序は安定的にバランスを保つことができる。この場合、その利得は、一回限りの競争に限定された短期的な視点にもとづくものではなく、より長期的にみた場合に計算される利得となる必要がある。

敗者にも勝者となる可能性が将来に開かれている制度、敗者の利益にも一定程度の配慮が確保されている制度、権力を獲得する見込みが少ない少数者であっても重要な権利や利益が奪い取られないような保障が設定されている制度。そのような制度が確立され、人々がその制度に従うことが、結局のところ自分の利益を確保することにつながると理解されれば、人々はその制度に従おうとするだろう。そして、その制度が期待どおりうまく機能すれば、人々の信頼を獲得する。信頼に足る制度があれば、その制度が保障する秩序のなかで競争が繰り広げられることになる。

しかし、このような制度を確立することはなかなか難しい。制度が信頼を獲得するには、競争が繰り返され、利益の調整がたびたび試みられるという営みを継続的に経験する必要がある。そうした過程で、不具合があれば修正がほどこされ、制度の強靭さが増していけば、制度の利益調整能力も高まり、信頼を得ることになろう。

一方で、一般に、そうした制度の強靭化と信頼確保の過程を十分経ていない新興民主主義では、制度が利益調整に対応できない場面が多くなる。さらに、民主化に際して民主主義への期待が高ければ高いほど、民主化後の政治が機能不全に陥ったとき、人々の強い失望を招き、制度がないがしろにされる。また、制度が確立されたとしても、社会経済的な環境の変化で、社会に存在する集団のタイプや争点が変われば、それまで想定されていなかった利益対立のパターンが生まれ、制度の調整能力が低下することもある。グローバル化の急速な進展はその可能性を高める。その場合も制度への信頼はゆらぐ。

制度が期待された機能を果たすことができず、したがって、人々の信頼を獲得できなければ、競争と秩序のトレードオフの度合いが深まる。そうすると、無秩序な競争か、あるいは、強権的な秩序維持のいずれかに陥る、あるいは、その二つの間を政治が大きく揺れ動くことになる。新興民主主義の多くが直面している問題は、このような競争と秩序のバランスがうまくとられない状態が顕在化したものとみることができる。そしてその根底には、民主主義制度の機能不全によって制度への信頼が希薄な状況がある。

四　四つの問題

さて、自由な競争と秩序維持のバランス、そして、それを支える民主主義制度の機能が、民主主義の直面する課題を理解するうえで重要であるとして、それをそのまま扱うには少々大きすぎる。どのように手をつければよいか戸惑ってしまう。そこで、この大きな問題をより具体的な事象に切り分けて扱ってみようと思う。

実際に取り扱うのは、新興民主主義国にしばしば発生する四つのタイプの事象である。すなわち、（一）無秩序な競争の激化として「民主主義の不安定化」、（二）秩序維持への傾斜として「選挙が支える権威主義」、（三）制度の機能不全が現れた「民主主義と社会経済的格差」、そして、（四）従来と異なる政治動員のあり方と利益対立の深化によって生まれる「パーソナリティと分極化の政治」である。最初の二つは政治秩序の問題であり、まさに競争と秩序のバランスの不具合である。三つ目は制度の問題、四つ目は社会とのかかわりの問題で、競争と秩序のバランスに大きく影響している。以下、簡単に説明しよう。

民主主義の不安定

ひとつ目は、自由な競争が激しくなり、民主主義のルールを逸脱して、無秩序な状態に陥ってしまう事象である。競争が無秩序になると権力の交代がいつどのようなかたちで起こるのかの見込みが立たなくなる。つまり、政治の競争が安定的なパターンから外れ、民主主義が不安定化した状態が生まれるのである。この現象は、民主化したばかりの時期に発生することが多いが、社会的な情勢が変化するなかで、それまで安定的だった民主主義においても生まれる。

わかりやすい例は、選挙の敗者がその選挙結果を受け入れないとか、自らが望む政策が実現しない、あるいは自分に不利益な政策が実施されることを理由に、暴力的な圧力行動、たとえば、街頭での示威行動や極端な場合はクーデタに走る行為である。少し抽象化すると、主要な政治勢力の一部が、民主主義の制度に沿って導き出された結果を受け入れるより、制度から離脱して自らにとって望ましい帰結を実現しようとすることである。[11] 制度に従うより、手段を選ばず行動するほうが高い利得を得られる、つまり、制度から離脱するインセンティブが高いときに、このような不安定化が生まれる。

選挙が支える権威主義

二つ目の選挙が支える権威主義とは、手続き的には選挙を実施して権力者を決め、かつ、野党も存在していながら、競争の公平性が保障されていないため与党が常に勝利する状態を意味する。それは秩序が極度に重視される状況である。ここでは、単に制度が民主的に機能していないだけではなく、むしろ、権力者がその立場を維持し強化することに、選挙や議会という民主主義の制度が貢献していることが重要である。

選挙や議会が圧倒的に優勢な政党によって支配されていることで、権力者に対する不満があったとしても、与党の党員は党を割って出ていくと政治的なキャリアを継続することが決定的に難しくなる。そうすると、党指導部の党員への統制が強く効き、与党の分裂が防げる(12)。また、野党にとっては、ある程度議会に議席を持つことができれば、そこそこの利得を確保できることから、その体制自体を破壊することに躊躇が生まれ、結果として体制に取り込まれる。さらに、選挙をおこなうことで、限定的ではあっても、人々の政権に対する満足度に関わる情報を権力者が収集する機会が生まれ、権力者は、そうした情報をもとに不満に対処し、より効率的に権威主義体制を運営することになるという見方もある。

こうした政治体制は、権力の交代がなく、多元性が制約されているため、権威主義体制としての特徴を持つが、競争性は一定程度確保されているため、競争的権威主義とも呼ばれる(13)。民主主義か権威主義かという二分法にもとづく区分ではなく、政治体制の違いを連続的なものとして理解するなかで示される中間的な政治体制の類型である。

民主主義と社会経済的格差

三つ目は、民主主義が期待される帰結をもたらさないことである。少なくとも形式的には民主主義の制度が政治的平等を保障しているにもかかわらず、社会経済的不平等の継続、さらには拡大が止まらないというのがその顕著な例である[14]。

政治的平等が保障されていれば、社会を構成する人口の多数派が望む政策を掲げる政党がその多数派の支持のもと権力を掌握し、その政策を実施するはずである。たとえば、所得水準という基準をとった場合、多くの国では、平均的な所得水準よりも低い所得しか得られない人たちが多数派となる。つまり、所得の中央値が平均値より低い。とくに民主化してまもない国々のほとんどは経済的にまだ発展途上であるため、低所得者層が圧倒的な多数派となる。所得の高い人に課税し、その富を所得の低い層に回すという再分配政策を考えると、こうした国々ではそれを支持するはずの低所得者層が多いため、所得の再分配を進める政権が誕生し、所得格差は減少すると予想される。

しかし、実際のところ、多くの新興民主主義国は高い所得格差に悩まされている。所得格差は政治以外の社会経済的な要因に当然影響を受けるが、そうした非政治要因の影響を除外してみても、民主主義制度は再分配に限定的な効果しか持っていない。これは、民主主義が、低所得者という社会の多数派の政策選好をうまく政策にくみ上げて実施できていないことを意味する。期待に応えられない制度は信頼を失い、それを破壊しようとする行動を誘発する。

パーソナリティと分極化の政治

最後に、パーソナリティと分極化の政治は、とくに二〇〇〇年代に入って観察されるようになった事象である。社会に存在するさまざまな利益を代表する政党によって構成される政党システムがうまく確立されず、また、それまでの伝統的なクライエンテリズム、すなわち、政治家が政策ではなく、職や現金など短期的な物質的利益を提供して人々から政治的な支持を得るような交換関係に依存した政治動員も力を失って、政治家個人のパーソナリティによる政治動員が強まっている。そうすると、人々は組織化されず、競争のパターンは短期的に変化する。その結果、人々の属性に訴えかけるようなわかりやすい単一の争点に焦点を当てる強力な個性を持った政治指導者が、支持を集めて権力を掌握する。

こうした政治家個人のパーソナリティに依存する政治動員が進むとともに、社会の亀裂に沿った政治対立が深まり、分極化が進行している。個性の強い政治家の登場とともに進む争点の単一化は、さまざまな政策をめぐる複雑な、しかし、体系だった政党間の競争から離れて、特定の単一争点をめぐる賛成派と反対派の対立を先鋭化させる。とくに特定の社会の亀裂、たとえば、社会階層、あるいは民族や宗教といった人々の属性に密接に関わる争点が取り上げられることで、分極化が促進される。

政治家のパーソナリティへの依存と政治の分極化はお互いに影響し合いながら、制度の調整能力を低下させ、政治秩序の不安定化を生み出し、さらには民主主義の後退にもつながっている。そして、こうした状況の背景には情報技術の進展、グローバル化の進行、それにともなう社会経済的な構造の変容がある。

このような四つの事象は実際に多くの民主主義国で顕在化している。先述のように、具体的な事例を参照しながらこうした事象を分析するのが、理解を深めるのに有効な方法である。本書では、東南アジア、とくに冷戦期に西側諸国の陣営に加わった東南アジア諸国連合の原加盟国五カ国（フィリピン、インドネシア、タイ、マレーシア、シンガポール）の事例を取り上げたい。

この五カ国は、四つの事象が比較的わかりやすいかたちで出現した国々であり、民主主義の抱える問題を読み解いていくのに適した事例と思われる。タイを除く四カ国は植民地支配を受けたが、独立後に国民国家の形成を目指し、政治と経済の近代化を進めていった。タイにしても一九三〇年代以降には同様の近代化の過程をたどった。この過程で、近代的な政治体制とそれぞれの国の社会は多くの軋みを生み出してきた。こうした軋みは多くの新興独立国の経験したことであり、その意味で、民主主義のさまざまな問題についても、その多くをこの東南アジアの国々にみることができる。以下、これらの国について紹介しよう。

五　東南アジアと民主主義

東南アジア一一カ国のうち、本書が事例として取り上げる五カ国は、タイを除いて、いずれも植民地支配を経験している。タイ以外の四カ国は太平洋戦争後、つぎつぎと独立を果たし、民主主義制度を採用して、権力をめぐる激しい政治的競争を経験していった。タイにしても、絶対王政のもとでは国王が権力を掌握していたが、一九三二年の立憲革命以降、立憲王政のもと諸政治勢力が権力をめぐって競争する状況が生まれた。

政治変動のパターン

しかし、生まれたばかりの民主主義体制は、国内の有力な勢力間の利益調整を担うほど十分な能力を持たなかった。その結果、いずれの国においても、秩序ある競争を維持することができず、社会の諸勢力間の暴力的な衝突を経験することになった。政治秩序が危機に見舞われるなか、一九六〇年代までにつぎつぎと民主主義が崩壊し、権威主義体制に移行していった。結果として、一九七〇年代は強権的な支配がこの地域を広く覆った。

図1－1は、政治体制を分類するV－Demの選挙民主主義指標の東南アジア五カ国の推移を示したものである。フィリピン、マレーシアでは民主主義に近いレベルから独立後の政治が始まっている。インドネシアは一九五五年選挙で瞬間的に民主主義になっているが、おおむねフィリピン、マレーシアと同様のレベルで、それに続いてタイとなる。シンガポールは独立以前には競争的な選挙があったが、独立後はそれが制限されたことがみてとれる。(15)

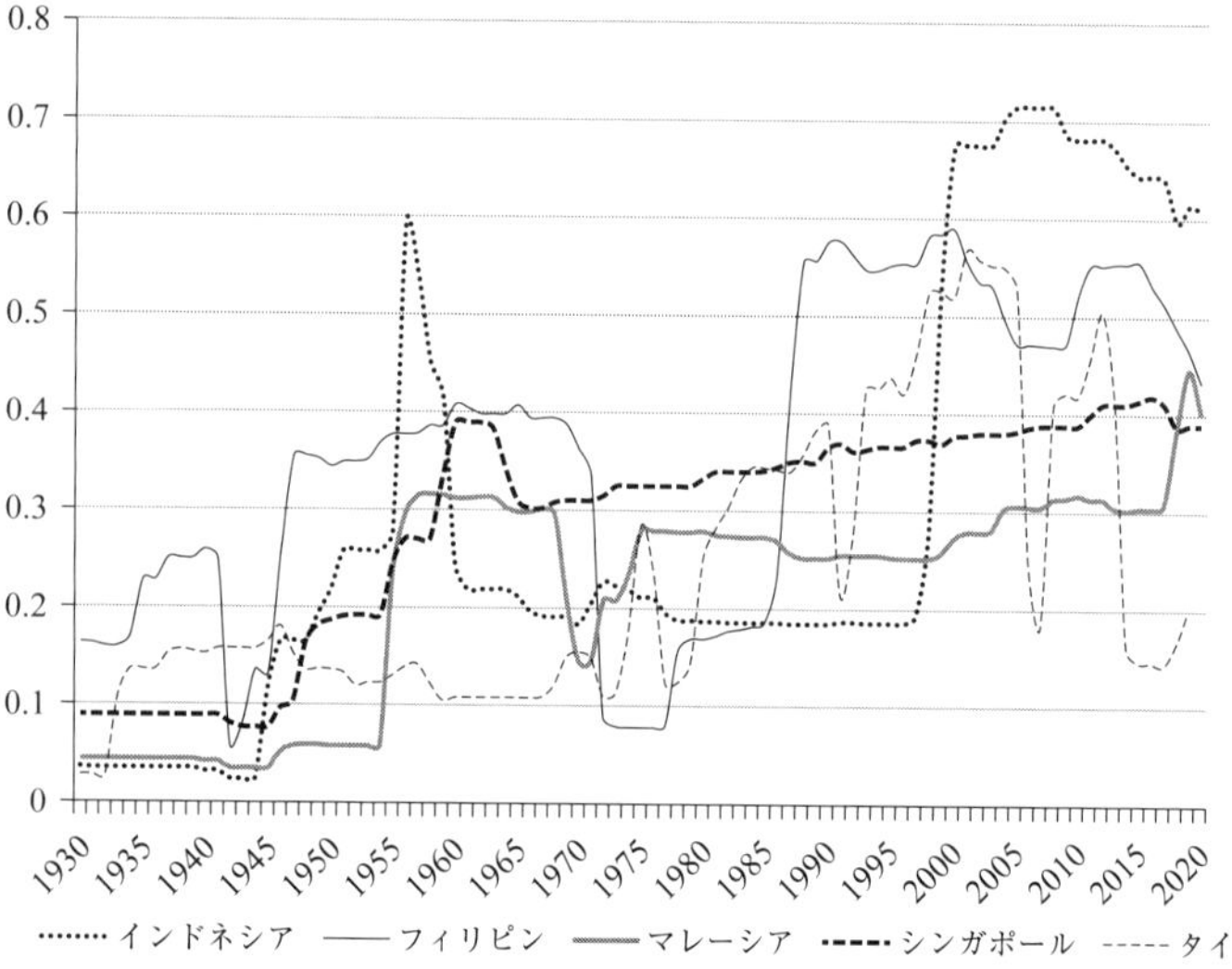

図 1－1　東南アジア 5 カ国の選挙民主主義指標の推移，1930–2020 年
出所：Coppedge et al.（2021）から筆者作成。

一九八〇年代以降、この地域はふたたび大きな政治的な変動を経験することになる。一九八六年にフィリピンが、そして、一九九八年にはインドネシアが民主化した。タイは一九七〇年代に民主化の兆しがみえつつも軍支配が続いたが、一九九二年に本格的な民主化を経験した。この三つの国は、民主化の第三の波のなかで登場した新興民主主義国として位置づけることができる。

一方、マレーシアとシンガポールは、独立前後に権威主義となったまま長期にわたってその政治体制を維持してきた。エスニシティを軸とした暴力的な衝突、エリートと大衆運動の間の軋轢などに対処するため、競争を制限する政治体制をつくったこの二つの国は、政党中心の権威主義的な統治を維持してきた。

本書が具体的な対象とする四つの事象を考

えると、フィリピン、インドネシア、タイが第一の民主主義の不安定化、第三の民主主義の機能不全、第四のパーソナリティと分極化を検討する際の対象であり、マレーシアとシンガポールが第二の選挙が支える権威主義の事例となる。

もっとも、いずれの国でも政治は絶えず変化しており、たとえば、タイは二〇一四年以降、ふたたび軍政が確立され、マレーシアでは二〇一八年選挙での与党敗北から民主主義に完全に転換したと評価される。その後、政治的な混迷が続いているマレーシアは、フィリピン、インドネシアなどと同様の事象を観察する状況になってきたと考えてよい。

民主主義の機能不全

この五カ国のなかで、民主化の第三の波を経験したと先に述べたフィリピン、タイ、インドネシアは、民主主義体制のもと競争と秩序の間で揺れ動き続け、また制度の機能不全に悩まされている。

一九八六年に民主化を経験したフィリピンは、東南アジアのみならず、アジア全域において民主化の第三の波の先頭に立っていた。しかし、民主化後は権力奪取を試みる軍内部のグループによるクーデタの試みに何回もさらされることになった。ようやく状況が落ち着き、自由化を柱とする経済改革が進められて、その成果をみせようとしていたころには、こんどは、既存の政治の枠組みを破壊しようとする反エリート主義を掲げた政治指導者が大統領として政権を握ることになった。低所得者層から圧倒的に支持を受けたこの政権に対し、そのたび重なる汚職スキャンダルに業を煮やした都市中間層は、選挙や弾劾手続きではなく、街頭での直接的な辞任要求運動を仕掛け、最終的に権力者の交代を実現した。民主主義制度から離脱した直接行動による権力奪取である。しかしながら、次の政権でも汚職スキャンダルや選挙不正が暴露され、政治不信がさらに深まった。

その後、汚職取り締まりなど統治の質を向上することで民主主義の機能回復を進めようとする動きがあったが、二〇一六年以降は、秩序回復を掲げ、適正な司法手続きを排して犯罪取り締まりを進める強権的な大統領のもと、市民的自由が制約され、権力に対するチェック・アンド・バランスも低下している。

タイはさらに劇的な展開をみせた。一九九二年の軍事政権崩壊、一九九七年の新憲法制定によって、それまでの軍政と民政のサイクルから離脱し、ようやく民主主義体制が確立されたようにみられた。新しい憲法では、首相の立場が強化され、それまで不安定だった政党システムを制度化させる目的で新しい選挙制度も導入された。こうした制度的枠組みのもと、強いリーダーシップを売りとする政治指導者、タクシンが政権につく。農村部での圧倒的な支持を受け、選挙で圧倒的な強さをみせたこの政権は、しかし、徐々に民主主義の主役を自負する都市中間層から反発を受けるようになった。そして、この都市中間層とタクシン政権を支持する農村住民との間で対立が深まっていった。

二つの勢力の対立はエスカレートし、最終的に街頭での暴力的な行動にまで発展した。これも民主主義制度の外に政治的な競争がはみ出した事例である。結局のところ、この無秩序な状況は王室や軍の介入を招き、ふたたび軍事政権が誕生することになった。秩序維持への揺り戻しである。ただし、軍事政権が長期化するにつれ、それまでの社会階層間の対立の重要性が下がり、こんどは民主化そのものが争点となった。軍や王室と、民主化を要求する集団の間で政治体制をめぐる駆け引きが展開されている。

フィリピン、タイと比べて、民主化後の体制が比較的安定しているとみられてきたのがインドネシアである。インドネシアは、一九九八年にスハルトの権威主義体制が崩壊した後、漸進的に政治制度を変更し、民主主義体制を確立しようとしてきた。権力の集中を避ける制度的な枠組みをつくり、少なくとも国政レベルでは、フィリピンやタイでみられるような政治的競争の過激化はあまりみられなかった。

しかし、徐々にイスラーム勢力と世俗派の対立が深まり、二〇一六年のジャカルタ州知事選挙に際しては、選挙戦のさなかに大規模なイスラーム勢力による街頭行動が展開され、二〇一九年の大統領選挙直後には、選挙結果に不満を持つ人々の暴動が発生した。その一方で、二〇一九年の総選挙以降は、大統領の権力に対する監視が弱まって民主主義が後退しているという評価もみられる。また、民主化後に所得格差が拡大し、民主主義制度が少数のエリートに操作されているという見方（オリガーキー論）も注目を集めている。

権威主義の維持

一方、民主化の第三の波に加わることのなかったマレーシアとシンガポールでは、近年、変化がみられるものの、これまでは一九六〇年代に誕生した秩序重視の権威主義体制が民主主義制度を利用しながら長期間にわたって維持されてきた。二つの国とも、独立前後のマレー系と華人という二つの民族集団間の対立が暴動に発展する事件を経験し、政治的安定を最優先課題として、与党の優位性が揺るがない体制を構築することに注力してきた。

両国とも、選挙の運営自体には集計操作などのあからさまな不正はなく、民主主義制度が秩序だって運営されているようにみえる。しかし、選挙区割りや選挙システムは与党に有利なかたちに設定され、また、情報が統制されて野党の主張が人々に届けられず、さらには与党への支持の見返りや野党支持への制裁として、公共事業を選択的に分配し、与党が負けないシステムをつくりあげた。民主主義の制度を利用した権威主義体制の維持が、わかりやすいかたちでおこなわれてきたのである。

東南アジア五カ国は、競争と秩序の関係に揺さぶられてきた。民主化を経験したフィリピン、タイ、インドネシアは、それぞれの民主主義制度の調整機能が十分整わないなか、制度への信頼がゆらぎ、競争の激化と秩序の強制という二つの極端な状況を経験することになった。フィリピン、インドネシアでは、近年では法の支配の弱体化により市民的自由への制約が増えるという民主主義の後退を経験し、タイでは結局、民主主義が崩壊した。一方、マレーシア、シンガポールは、民主主義のもとでの秩序への脅威を経験したうえで、民主主義の制度を活用しながら権威主義を維持するシステムを巧妙につくりあげてきた。この五つの国の経験は、民主主義を悩ませる問題について多くの示唆を与えてくれるだろう。

四つの事象をひとつずつ解きほどく作業は第3章から順に進めていくとして、その前に、次章では、こうした事象を理解するために必要な前提として、各国の歴史的な経緯について取り上げる。それぞれの国において最初に導入された制度のタイプとその当時の社会経済的な構造は、それぞれ独立後の民主主義のあり方を規定する重要な要因である。主たる分析対象となる四つの事象を生み出す原因は、この歴史的な経緯のなかで形づくられている。

第2章　政治体制の形成

一　政治体制の起点

民主主義にしろ権威主義にしろ、政治体制はどの国であっても、ある時点で突然現れるわけではない。そこには歴史的な経緯が重要な意味を持っている。政治体制とは、すでに述べたように、統治の仕組みや権力者の選出・監視の仕組みなど国家と社会の相互関係を律する政治制度の束である。歴史的な経路は、ここで重要な国家の統治能力を決め、社会のあり方を決め、政治制度の形にも影響を与える。すなわち、政治体制のタイプを決める基本的な条件が、歴史によって整えられるのである[1]。

国家については、他国と戦争を繰り返すことで強靭化されたというのがヨーロッパの伝統的な国家形成のパターンだが、ほかにもアメリカのように自律的な社会共同体の集合として組まれたというものもある。国家がどのように形成されたかによって国家の統治能力には違いが生まれる。一方、社会にしても、産業化のスピードや程度が社会を構成する階層のあり方を決め、また、植民地支配による領域の確定がその国のなかの民族集団の配置を決める。

植民地支配を経験した国々にとって、植民地支配によってもたらされた統治の制度と社会の亀裂、すなわち、社会階層、民族・宗教などによって生じる差異が[2]、その後の政治体制の形成に大きな意味を持った。東南アジアの国々も例外ではない。唯一、植民地支配を受けなかったタイでは、植民地支配の直接的な影響はないが、それでも、周辺国の植民地支配の進行に影響を受けており、その環境のなかで自国の近代化を進める際にどのような制度を取り込むことにしたかは重要であった。

各国の国家のあり方や社会の亀裂のパターンを決定するような歴史上のポイントは、その後の政治体制が生まれてくる起点となる[3]。東南アジアの国々にとっては、植民地支配の形態、独立のしかた、独立直後の制度とそのときの社会の亀裂の形態などが、政治体制の方向性に大きな影響を与えたのである[4]。

こうした起点において国家と社会の関係性の初期設定がされ、その後の展開が方向づけされた。国家の統治能力の程度が設定され、つまり、権力を持つことによって何を得られるのかが設定され、社会の亀裂にもとづく社会集団間の関係が設定され、そこに登場する主要な政治勢力の顔ぶれが設定された。さらに、そうした政治勢力の間で展開される競争や協力のパターン、人々を政治的に動員する仕組みなども整えられた。

これは、つまり、誰が政治的競争に参加するのか（プレーヤー）、どのような競争のルールが設定

表2－1　東南アジア5カ国の政治体制の起点と政治の特徴

国	独立	起点	政治の特徴
フィリピン	1946年	1902年以降，アメリカ統治下での選挙	選挙と議会を通じた地方エリートの国家権力掌握
インドネシア	1945年独立宣言 1949年主権獲得	1945年前後，オランダ統治下で作られた領域をもとにした国民国家独立	世俗と宗教，地方など亀裂の政治化
タイ	一貫して独立 1932年立憲革命	1932年以降，立憲革命とその後の政治闘争	国王の民主主義擁護，軍の政治介入のパターン化
マレーシア	1957年マラヤ連邦 1963年マレーシア	1969年の民族暴動と国民戦線の成立	民族的亀裂に基づく政治競争，マレー人優位下で民族間の利益調整
シンガポール	1963年マレーシア編入 1965年独立	1962年以降，左派の徹底的な弾圧と人民行動党独裁成立	英語教育エリート集団の指導のもと政府と政党の一体化

出所：筆者作成。

され、そこでプレーヤーは勝つために何ができるのか（戦略の選択肢）、そして、競争の結果がそれぞれの参加者にどのような利益をもたらすのか（利得構造）の初期設定が定まるということになる。この三つの要素は政治のゲームの基本要素であり、歴史的な経路が政治的競争の起点となるゲームの構造を決める。この初期のゲームの構造は、多くの場合変化していくが、最初の設定に依存した展開となる。その意味で初期の設定はきわめて重要である。

このような視点に立つと、東南アジア五カ国の歴史的経路における政治体制の起点は、次のように整理されるだろう（表2－1も参照）。

地方エリートの優位

フィリピンにとって重要な起点は、アメリカ植民地統治が地方エリートによる自治を認めたことだった[5]。一九世紀末、スペインからの独立を目指す運動がフィリピン国内で高まりながらも、アメリカの介入によってその独立運動が頓挫し、フィリピンはアメリカの支配下に置かれることになった。アメリカが導入したアメリカ型の民主主義制度を模した政治制度は、そもそも選挙を通じて自律性の高い社会が国家に入り込む余地を多く持っていた。そうした制度的な特徴のもとに植民地統治のなかでフィリピン人エリートの地位を保障したことが、その後の国家の統治能力の弱さにつながっている。

一九〇二年にフィリピン平定を宣言したアメリカは、この領域の隅々まで直接統治する代わりに、特定の地理的な領域に基盤を置くフィリピン人の地方エリートたちを取り込み、彼らの協力を活用して統治することにした[6]。このエリート取り込みの起点が、一九〇七年のフィリピン議会の設置と議会選挙である。議会には地方エリートが選出され、権力へのアクセスが大きく認められた。そして、地方エリートたちが、この権力をテコに国家の持っている資源を利用する体制がつくられた。国家は地方エリートが私的な利益を維持・拡大するための道具となり、国家がそうした地方エリートの影響を受けずに自律的に社会を統治する能力は限定的なものとなった。

一方で、地方エリートの下に連なるクライエンテリズム[7]、すなわち、イデオロギーや政策ではなく、エリートが一般住民に対し物質的な利益の提供をし、その見返りに選挙で支持してもらうという政治動員のあり方が、権力維持の柱となった[8]。政党は、そうした地方エリートから一般の住民に垂直に連なるクライエンテリズムの鎖をいくつか束ねたグルーピングとしての意味しか持たず、社会階層など社会の亀裂を反映する政党とはならなかった[9]。プレーヤーは地方エリート、競争の戦略はクライエンテリズムに依存した選挙、そして利得は国家資源の私的利用という構図が最初に設定されたのである。

国民国家の縛り

インドネシアでは、一九四九年の主権獲得の際、オランダの植民地支配によって線引きされた領域を前提に独立したことが大きな意味を持っている。領域の確定によって、それまで存在しなかったインドネシアというまとまりが意識されるようになり、そのまとまりの維持、つまり、国民国家の維持と強化が独立後の大きな目標となった。そして、それが政治的競争の軸になる社会的な亀裂を決定したのである。

国民国家としてのまとまりを重視する立場からは、ナショナリズムを基本に据えた世俗的なイデオロギーが主張され、もう一方では、そうしたイデオロギーから距離をおき、宗教的（イスラーム）なアイデンティティを強調する立場が生まれる。アリランと呼ばれる、世俗か宗教かという亀裂が競争の軸として重要となった。なお、宗教重視、ナショナリズム重視の立場は、さらにそれぞれの内部での亀裂（伝統か近代か、共産主義か否か）を抱えることになる。また、アリランとは別に、国民国家の推進によって生まれる地方の反発、すなわち地理的な亀裂がもうひとつの重要な競争の軸となる。

国民国家の形成・維持を重要な目標としながらも、このような亀裂が継続し、それぞれの集団がある程度影響力を行使できたのは、旧宗主国オランダの制度の影響を受け、比例代表制で選出される議会の存在や、執政府の長を直接選挙で選ばないという制度的特徴が果たした役割も大きい。さまざまな政治勢力がそれぞれの規模に見合った権力を得て分有する制度的な枠組み、合意型の政治制度（第3章で説明）と一般に呼ばれる政治制度が[10]、こうした状況を支えた。

宗教を軸とした社会の亀裂の政治化、その亀裂に沿った対立の激化をどのように抑え込むかが国民国家維持には不可欠であり、これがインドネシアにおける権威主義体制の成立の前提にあった。さらに民主化後もこの亀裂に配慮する必要に迫られた。民主化後の政治制度が権力集中を排除する方向で進められたのも、安定的な民主主義を維持するために亀裂の調整が重視されたためと理解することができる。こうした亀裂を反映して、政党はアリランに沿って成立し、その間で政治的競争が展開されてきた[11]。

このように、社会の亀裂に直接対応したプレーヤーの存在がインドネシアでの政治ゲームの特徴である。ただし、その特徴は民主化後、徐々に変容しつつある。

権力闘争の発生

タイにとって政治体制の起点は立憲革命である。この起点、そしてそれに続く政治闘争の過程で、軍の政治的介入の正統性がつくられ、また国王が民主主義の擁護者となるという構図ができあがった[12]。

一九三二年の立憲革命とは、絶対王政を立憲君主制に転換するクーデタである。一九世紀後半から進められた国王主導の国家機構近代化のなかで生まれた近代的な官僚や軍人が、中心的役割をになった。しかし、この立憲革命は、それを推し進めた官僚や軍人のグループ、人民党の一党支配を生み出し、権力を制限されたプラチャーティポック国王は民主主義の論理を用いてその支配に抵抗した。これがのちに国王が民主主義の擁護者と位置づけられる根拠となった。さらに一九七三年の学生革命、一九九二年の流血事件など軍と市民が対決する事態に、プミポン国王が介入し、民主主義が回復されたことで、国王の存在が強く印象づけられることになった。

もう一方で、立憲革命後の人民党内部の対立から生まれた政治的混乱を軍がクーデタという手段を用いて安定化させようとしたことは、その後、民政と軍政が繰り返し交代するパターンをつくりだす。このようなパターンのなかで、政党は、選挙において短期的にクライエンテリズム型の政治動員をおこなう枠組みでしかなかった。民主党を例外として、長期的に存在する政党はなく、特定政治家の派閥の流動的な合従連衡という性格が強くなった[13]。

こうした状況が大きく変わるのは、一九九七年に民主主義の本格的な定着を目指した憲法制定によって競争のルールを変更したときである。しかし、それは、結果として、ふたたび民主主義の崩壊につながっていった。

立憲革命という起点で形づくられたタイの政治ゲームの特徴は、軍、王室、政党間での権力闘争ということだろう。一九七〇年代以降は、そこに学生を中心とする市民も加わることになった。そして、選挙のみならず、クーデタや街頭行動が、競争に用いる戦略の選択肢として維持され続けていることが特徴的である。これが民主主義の安定に影を落としている。

民族間の対立と融和

マレーシアでは、一九六九年に発生した民族暴動が重要な起点である。それは民族集団という社会の亀裂と政治的対立を強く結びつけたとともに、その結果として、多数派マレー人が優位な立場を維持するなかで民族間の利益調整をおこない、政治的安定を確保するという枠組みを確立させた。

マレー人、華人、インド人といった民族集団によって構成される複合社会は、イギリス植民地支配のもと、労働力の需要拡大に対応するため、この地への中国人、タミル系インド人の移民によって生み出された。この複合社会のなかで、独立に際し、マレー人たちは自らの利益確保を求めて統一マレー国民組織（UMNO）を結成した。そのため、そもそも民族間の亀裂が意識されるなかで独立が進められたのである。

それでも、独立直後は、民族間の対立を回避するために民族融和路線がとられていた。しかし、相対的に豊かな少数派の華人と、その多くが農村に居住し相対的に貧しい多数派のマレー人の関係は、政治的な不安定を容易に生み出す危険性をはらんでいた。この民族間の危うい関係は、一九六九年総選挙で華人野党が得票を伸ばしたことを契機に暴動に転化した。選挙結果を祝う華人野党支持者と選挙結果に不満を持つマレー系与党支持者の、首都クアラルンプールでの衝突である。マレーシアはこの事件をきっかけに強権的な支配に政治の舵を切る。

政治の安定化のために、多数派マレー人を優遇することを前提とした民族間の利益調整の仕組みがつくられることになった[14]。マレー人政党UMNOを中心として穏健派政党であるマレーシア華人協会（MCA）とマレーシア・インド人会議（MIC）に加え複数の政党と与党連合が形成され、それが議会で圧倒的な多数を占め、政権交代が起こらない仕組みが長らく維持されてきた。こうした与党連合の強さが生まれる条件として重要なのが、旧宗主国イギリスをモデルとした議院内閣制と小選挙区制の存在である。少数派の影響力が削がれ、選挙の勝者が権力を独占する多数決型（第3章で説明）の政治制度が[15]、与党の勢力を増幅させた。

マレーシアでは、民族集団が常に政治のプレーヤーとして存在し、暴動の経験から選挙を通じて秩序の安定を図ることが求められてきた。利益分配に依存した政治動員と、穏健派民族集団の指導者どうしの協調が与党連合のとる戦略となり、野党は民族的な亀裂を強調する戦略をとることになった。ただし、いずれにしても選挙という枠組みから外れることはなかった。

エリート集団のヘゲモニー

シンガポールでは、一九六〇年代のイギリス、そしてマレーシアからの独立にいたる過程で起こった主要な政治集団間の共闘と分裂のすえ、リー・クアンユー率いる人民行動党（PAP）が支配を確立した。これがシンガポールにとって政治体制の起点である。それを象徴するのは、コールドストア作戦と呼ばれる左派弾圧と、それに続く議会選挙でのPAPの圧勝である。

この一連の動きはかなり劇的なものだったが、背景にはシンガポールが国としての生き残りに必死になるようなきわめて厳しい国内外の状況があり、緊急事態に常時おかれるような環境が平和的な競争を阻害する要因となった。国内では、華人が住民の多数を占めるシンガポールだが、マレーシア同様、華人とマレー人の民族間対立があり、暴力的な衝突に発展したこともあった。また、対外的には、当時のマラヤ連邦がシンガポールや北ボルネオ、サラワクを併合してマレーシアとなったことをめぐり、マレーシアとインドネシアという域内の強国の対立が深まった。さらには東南アジア全体で共産主義勢力が活発に活動するようになっていた。

イギリスからの独立前後では、シンガポールには英語教育を受けたエリートと華語教育を受けた労働者層の二つの政治的に有力な集団が存在していた。独立に際して両者は協力し、ＰＡＰを結成、自治政府を掌握した。しかし、マレーシアへの合流をめぐる対立が直接のきっかけとなって分裂、その後、ＰＡＰを主導した英語教育エリートが共産主義に傾斜した華語教育グループを弾圧し、ＰＡＰによる権力独占が確立したのである。独立という起点で一党支配が確立していたことは、その後の政治体制の形成の過程でＰＡＰがフリーハンドでそのありようを決めることを可能にし、一党支配を強固なものとすることができた。

また、マレーシア同様、旧宗主国イギリスの議院内閣制、小選挙区制という多数決型の制度の枠組みが導入されたことは、権力の集中を可能にし、ＰＡＰの権力独占を支える効果を持った。この制度が独立時、政治制度の起点となったことの意味は大きい。

こうしたなかで形づくられてきた政治ゲームは、与党・官僚エリートのみがプレーヤーとして存在し、戦略の選択肢は選挙システムの利用と政府資源の選択的分配、そしてそれにもとづく選挙での圧倒的な優位の維持だった。選挙での圧勝が与党の生命線となってきたのである。

二　民主主義の誕生と挫折

以上のような重要な起点から、それぞれの歴史的経緯のなかで東南アジアの国々では、国家と社会の関係と、そこで展開される政治的競争のパターンが形成された。そうした特徴は独立後、近代化後のそれぞれの国の政治に一貫して通底する重要な土台となっている。

そのうえで、興味深いことに、各国の国家と社会の関係のあり方や政治的競争のパターンはお互いに異なるものの、植民地支配を受けた国では、独立前後に民主主義の誕生とその挫折という政治体制の変動をともに経験している。

植民地支配から解放された国では、そこに住む人々が主権者となるという論理の自然な帰結として民主主義が採用された。しかし、ここでもたらされた民主主義は、社会の亀裂によって生まれる利益対立を十分調整することができず、いずれの国々でもその体制は崩壊していった[16]。この過程をみてみよう。

独立と政治参加の拡大

太平洋戦争後の東南アジアは独立の季節を迎えた。一九四六年にまずフィリピンがアメリカから独立、日本の降伏とともに独立を宣言したインドネシアは独立戦争(一九四五~一九四九年)を経て一九四九年にオランダから主権を獲得、イギリス領マラヤでは一九五七年のマラヤ連邦成立を経て一九六三年にマレーシアが成立、シンガポールは一九六三年にマレーシアに参加したものの、一九六五年に離脱して独立した。タイは一貫して東南アジアで唯一独立を保ったが、ほかの地域が独立するのに先立って、一九三二年の立憲革命によって立憲君主制が成立し、政治の近代化が進められた。そして、独立後、あるいは近代化後の東南アジア各国の政治は、民主主義を基本的な政治の枠組みとするところから始まった(ただし、シンガポールは独立前に民主主義的な体制が終了)。

独立および立憲革命は、主権者が交代することを意味する。おおまかな理解のしかたとしては、旧宗主国や国王が主権者として支配していた状態から、そこに住む人々が主権者となっていくことである。それを象徴するのが選挙の開始であろう。東南アジア五カ国のうち、フィリピン、マレーシア、シンガポールでは、植民地支配下でもすでに立法機関や地方政府で部分的な選挙が実施されているが、いずれの国でも独立(および立憲革命)後に選挙が実施され、広く国民の政治参加が実現されている(表2-2)。

独立とともに、とくにフィリピン、インドネシア、マレーシアでは、広範な政治参加がもたらされたことで、さまざまな社会勢力が政治的競争に参加することができるようになった。これが東南アジ

表2－2　東南アジア5カ国の選挙制度の起源

国	選挙導入時の政府の形態	選挙開始年	独立当初の選挙制度
フィリピン	大統領制・二院制議会（1935年憲法）	アメリカ統治下，1907年 独立後，1946年	大統領直接選挙，上院は全国区，下院は地方小選挙区で相対多数制
インドネシア	議院内閣制・一院制議会（1950年暫定憲法）	独立後，1955年	比例代表制
タイ	議院内閣制・二院制議会	立憲革命後，1933年	上院は国王の任命，下院は当初間接選挙，1937年から直接選挙（小選挙区・相対多数制と複数定数区・相対多数制）
マレーシア	議院内閣制・二院制議会	植民地支配下，1955年 独立後，1959年	下院は地方小選挙区（相対多数制），上院は各州議会が各州2名ずつ選出。
シンガポール	議院内閣制・一院制議会	植民地支配下，1955年 独立後，1968年	小選挙区（相対多数制）

出所：Hartmann, Hassall, and Santos（2001）; Hicken and Kasuya（2003）; Nelson（2001）; Rieger（2001）; Rüland（2001）; Tan（2001）; Kokpol（2002）をもとに筆者作成。

アでの民主主義の出現のしかたである。これは国民国家が成立した後に、漸進的に政治参加が拡大して民主主義が発展していった西ヨーロッパとは異なる。西ヨーロッパの民主主義の発展をみると、まず、エリートの政治参加が可能になり、その後にほかの階層の政治参加が徐々に拡大していった。そうした歴史的な経路に沿って政党のタイプも、まず、議会内での派閥や名望政治家を中心とした幹部政党が成立し、労働者の影響力の拡大とともに社会主義を標榜する大衆政党の出現、さらにはより広い支持を獲得するためにキャッチオール政党への変化などがみられた。こうした変化とともに、選挙制度も小選挙区制だけでなく比例代表制が導入されるようになった。政治参加の拡大と調整機能を高める制度の整備が時間をかけて進められたのである。

一方、東南アジアの状況をみると、国民国家がまだ十分に確立されていなかったなかで、民主主義がもたらされようとしていた。また、漸進的な参政権の拡大ではなく、所得や性別、民族にかかわらず、選挙に参加することができる状況が一気に生まれた。この二つが東南アジアの政治体制のその後の過程に影響を与えた。

未成熟な国民国家と民主主義の崩壊

国民としてのアイデンティティをつくっていくこと（国民統合）と統治機構を整備し国家の能力を確立していくこと（国家建設）の二つは、独立まもない国にとってはもっとも重要な課題である。東南アジアも同様であり、比較的整っていたタイを除き、東南アジア各国はこの二つの課題双方（フィリピン、インドネシア)、あるいはいずれか一つ(国民統合という点で、マレーシア、シンガポール)に悩まされていた。国民国家形成のプロセスを進めなければならない一方で、政治体制として民主主義を確立していくのは、そうたやすいことではない。国民として共同体の一員であるという意識がなければ利益調整に協力する意欲は生まれず、国家の統治能力が低ければ政策の効果が期待できない。国民国家の確立が民主主義の定着の根本的な条件であるという議論には説得力がある。(17)

国民国家が未成熟な状態において、政治参加が一気に進むと、社会のさまざまな要求が噴出し、そうした要求を調整することが難しくなる。とくに政党や選挙、議会といった民主主義の制度がまだ十分に確立していないと、社会からの要求に十分応えることができず、政治が不安定化する。(18)制度が漸進的整えられて安定的な競争を支えることができないためである。噴出する要求、制度の不十分さ、それによる政治の不安定化を経験し、東南アジア各国は、解決策として強権的な支配の道をとることになった。

東南アジアで噴出した社会からの要求のひとつの代表的なかたちは、共産主義勢力の伸長だった。フィリピン、インドネシア、マレーシア、タイでは農村や山間部に拠点を置くそれぞれの共産党の存在が大きな意味を持っていたし、シンガポールでは労働組合を基盤とする共産主義勢力が影響力を持っていた。共産主義勢力の存在は、それぞれの社会で人口の多数を占める農民や労働者の利益を十分実現できない政府への抵抗運動であった。さらに、共産主義勢力と同様に、あるいはそれ以上に重要な存在として、それぞれの社会の亀裂に沿って政治に要求を突きつける集団があった。民族、宗教といったアイデンティティを基礎とした集団からの要求は国家にとって大きな圧力となった。

フィリピンでは、一九五〇年代にアメリカの支援を受けて、農村部でのフクバラハップと呼ばれる武装ゲリラが抑え込まれたが、一九七〇年代以降は、フィリピン共産党（CPP）とその軍事部門である新人民軍（NPA）が勢力を拡大し、都市部の学生も巻き込んで大きな反政府運動が育っていった。また、南部では、多くのキリスト教徒が流入したことでイスラーム教徒との間で土地所有をめぐる紛争が生まれ、追い込まれたイスラーム教徒による分離独立運動が開始された。社会不安が高まるなか、憲法が定める大統領職の任期制限によって退場を迫られたフェルディナンド・マルコス大統領は、自らの政治生命の延命をもくろんで、一九七二年に戒厳令を布告し、その後一四年にわたる個人支配の権威主義体制を成立させた(19)。

インドネシアでは、一九五五年に実施した独立後初めての議会選挙で、四つの政党の勢力が拮抗することになった。前述のアリランと呼ばれる亀裂に沿って、二つのイスラーム政党（マシュミとナフダトゥル・ウラマー）と二つの世俗政党（国民党と共産党）が合わせて全体の七八・三％の議席を占めたのである。議院内閣制を採用していたため政権を担うためには連立が必要だったが、政党間では協力よりも競争が激化したため短命政権が続き、不安定な状況が続いた。また、外島と呼ばれるスマトラやスラウェシなど地方でも、ジャワにある中央政権に反旗を翻す反乱が発生していた。宗教・世俗という亀裂、中央と地方という亀裂に関して利益の調整がうまくおこなわれなかったことが、ここに現れている。

結果として、スカルノ大統領は一九五七年に戒厳令を布告し、一九五九年には大統領の権限の強い一九四五年憲法を復活させ、「指導される民主主義」と呼ばれる権威主体制へ転換することになった。しかし、この権威主義体制においてもスカルノを支える軍と共産党の対立が深まり、一九六五年のクーデタ未遂事件、スハルトによるスカルノからの権力の奪取、そしてスハルト個人を中心とした権威主義体制の成立という展開をみせることになる。スハルトの権威主義体制はその後、一九九八年まで続いた。

秩序優先の政治体制

一方、立憲革命後のタイでみられた現象は、フィリピンやインドネシアのような明確な社会の亀裂とその調整の失敗によって引き起こされた民主主義体制の崩壊、といったパターンとは異なる。たしかに、農村の不満や学生を中心とした都市中間層の軍事政権への抵抗は社会からの要求の発露だったが、一九七三年の学生革命による民主化以前は、軍と官僚による権力闘争によって民政と軍政のサイクルが生まれたとみられている[20]。立憲革命が民主主義を大義名分として立てながら、それを担った人民党は実質的には選挙による権力者の交代を拒否しており、こうした政治ゲームの始まり方が限定的な勢力間での権力闘争に終始するというパターンを生んだ。

一九五〇年代には、民主主義とはいえなかったものの、選挙が実施されピブーンを首相とする政権が生まれた。しかし、権力闘争のなかで一九五七年、一九五八年とクーデタが発生し、サリット、そしてタノームと軍人が首相の座につく軍事政権が一九七三年まで続く。一九七三年に学生を中心とした政権に抵抗する運動のなかでタノームが退陣し、民主化が進むことになるが、まもなくふたたび軍政に戻り、その後は、軍人プレムが中心となった「半分の民主主義」と呼ばれる軍主導の部分的な民主主義が継続した[21]。一九八八年のプレム退陣以降は政党を中心とした政治が進められるが、こんどは汚職が蔓延し、一九九一年にふたたびクーデタが発生して軍政が復活する。

マレーシア、シンガポールの利益調整の問題は、すでに触れたように、マレーシアではマレー人、華人、タミル系インド人の民族間で、シンガポールでは民族間に加え、英語教育エリートと共産主義グループの間で存在していた。いずれもイギリス植民地支配のもと自治権を獲得し、当初は、イギリス流の民主主義制度のもとで利益調整をおこなうことを想定していた。しかし、両国ともこの利益調整に失敗している。シンガポールではPAPの分裂（一九六一年）、マレーシアでは民族暴動（一九六九年）を経験したのである。

民主主義制度による利益調整の失敗に対し、マレーシアでは、多数派であるマレー人の優遇政策を基本としつつ、民族ごとに組まれた政党によって構成される与党連合（国民戦線、BN）による調整が機能することになる。与党連合はもう一方で、急進派の野党をさまざまな手段で抑え込み、議会で圧倒的な多数を維持して権威主義的な体制をつくった。シンガポールでは、共産主義系のグループを完全に排除し、英語教育エリートの指導のもと、政権与党であるPAPと政府機構が一体となって、こちらも権威主義的な支配を確立した。そして、急速な経済発展、公共住宅に代表される行政サービスの提供によって、利益対立の顕在化を防いだ。

三　民主化への道のり

独立および立憲革命の論理、つまり、そこに住む人々が政治に参加するという論理に従って、民主主義体制をつくろうとした東南アジア五カ国は、いずれもその試みに失敗し、権威主義体制に転換していった。なかでも、タイ以外の四カ国は、とくに社会の亀裂によって生じる対立に悩まされ、それを民主主義制度によって調整することができなかった。民主主義制度の導入で競争の激化と対立がもたらされ、政治は安定を求める強権的な支配に転換した。

もっとも、権威主義体制に転換したものの、その中身は各国で異なる。そもそも権威主義体制は民主主義ではない政治体制という消極的な定義が一般的で、積極的にその特徴を定義することが難しく、そこにはさまざまなタイプが含まれる。バーバラ・ゲデスの研究に沿って、権力を掌握した政治勢力の属性に注目してこれを分類すると、特定の政治指導者による個人支配、圧倒的に優位な立場にある政党による政党支配、軍が直接支配する、あるいは軍人が文民の装いをして支配する軍支配に分けることができる(22)。この分類に従えば、フィリピンとインドネシアは、マルコスやスハルトといった個人による支配という特徴が強い。これに対し、マレーシアやシンガポールは、マハティールやリー・クアンユーという目立った指導者がいるものの、その支配の柱は政党である。そして、タイは軍支配ということになる。

権威主義の継続性は、こうした権力者の属性によって異なることが一般に知られている。もっとも長く継続する傾向があるのが政党支配、つぎに個人支配、そして、もっとも短命な傾向をみせるのが軍支配である。[23] 東南アジア五カ国もこの傾向の例外ではない。

政党支配と個人支配

結果として長期的に継続したのは、マレーシア、シンガポールでみられた政党中心の権威主義体制である。それも中国やベトナムなどでみられるような制度的に多元性を排除した共産党一党独裁ではなく、一定程度の政治的競争が認められる競争的権威主義である。シンガポールは、独立後二〇年ほどは与党が議席を独占する事実上の一党独裁体制であり、あからさまな権威主義とみることができるが、一九八〇年代から野党が議席を獲得するようになり、かなりの制約がありながらも政治的競争を排除していないことから、競争的権威主義に分類してよいだろう。このタイプの権威主義の強靭性についてては第4章で検討する。

次いで長期にわたって権力を維持したのが、マルコス、スハルトの個人支配である。マルコスは政党政治を通じて、スハルトは軍を基盤として権力を獲得したのち、本人自身に権力を集中させ、個人支配を強化していった。独裁者個人は、軍、政党、官僚、ビジネスエリート（クローニー）といった支配を支える集団を統制し、こうした集団を通じて、脅迫と利益分配を用いて支配を確立していった。東南アジアのこの二つの個人支配は、結局のところ、いずれも経済危機によって高まる人々の不満の噴出に直面し、権威主義的支配を支える集団の結束も崩れ、権威主義体制そのものが崩壊していくことになった。

権威主義体制下のフィリピンでは、一九八一年の金融危機、一九八三年の野党指導者ベニグノ・アキノ・ジュニア元上院議員暗殺による民主化運動の高揚、一九八四年、一九八五年の経済のマイナス成長といった危機が続いた。政権の正統性を挽回するために、マルコスは、予定になかった大統領選挙を一九八六年に急遽、実施した。しかし、そこで政権側がおこなった大規模な選挙不正が人々の反発を生み、軍内部の反乱とそれに呼応した首都圏での大規模な市民の街頭行動によって政権が崩壊した（一九八六年）。マルコスはアメリカに逃れ、暗殺されたアキノ元上院議員の妻、コラソン・アキノが大統領に就任し、民主主義が復活した。

インドネシアでも、一九九七年に発生したアジア通貨危機が激しいインフレを引き起こし、企業の倒産、失業率の上昇を生んだ。こうした経済危機が学生運動を活発にし、結果としてジャカルタが騒乱状態に陥った。学生に対する軍の発砲が緊張を大きく高め、事態を鎮めるためスハルトは大統領を辞任し、副大統領のハビビに権力を移譲した。長期にわたるスハルト権威主義体制のあっけない終わりだった。ハビビは民主化プロセスのなかで暫定的な政権としての役割を担い、さまざまな政治的な自由化を進めた。一九九九年に実に四四年ぶりの自由で競争的な選挙が実施され、民主主義体制が成立したのである。

軍支配

短期間で権威主義が崩壊したのはタイの軍支配である。ただし、民主主義も短期間で壊れてきた。タイに限らず、一般に軍事政権は短命となる場合が多い。タイでは前述のように権力闘争の激化によって、軍事政権と民政のサイクルが続いた。そうしたタイで、権力闘争の論理から外れ、より広い層によって構成される社会集団が担う民主化の最初の試みが一九七三年の学生革命だった。バンコクの大学生を中心とした民主的な恒久憲法を求める運動の高揚、さらに軍事政権に対する批判の高まりのなかで、軍・警察が学生たちに発砲し、大量の死傷者が出るにいたった。この事件の収拾のために、国王は軍人であるタノーム首相を辞任させた。しかし、ここでもたらされた民主主義の機会は三年後の軍事クーデタによって閉ざされることになった。

その後、選挙が実施され議会が招集されながらも、選挙を経ずに首相についた有力な軍人によって内閣がコントロールされる先述の「半分の民主主義」の時代となる。ふたたび民政と軍政を経た後、一九九二年の流血事件をきっかけとした政変で本格的な民主化の機会がタイに訪れる。前年にクーデタによって権力を奪取したスチンダー陸軍司令官は、自ら首相には就任しないとの約束を反故にして首相となる。政治の腐敗を正すという大義名分で進められたクーデタがその正統性を失ったとみられ、これに抗議する運動が高まった。この抗議に参加する人々に対し、軍・警察が発砲する事件が発生し、多数の死者、負傷者が出る事態となる。この混乱に際し、ふたたびプミポン国王が介入した。結果として、スチンダーが退陣し、民主主義が復活したのである。

一九九二年の民主化はその後の大幅な制度改革をともなっていたため、安定的な民主主義をもたらしたとみられていた。その集大成が一九九七年憲法の制定である。権力監視の仕組みを整え、選挙制度を変えて政党システムの制度化を試みた。首相の立場も強化した。この体制は二〇〇六年、そして二〇一四年のクーデタによって新たな軍事政権が登場するまで継続した。

四　民主主義の姿

権威主義の継続を経験したマレーシア、シンガポールについては第4章で取り上げるとして、ここでは、民主化を果たしたフィリピンとインドネシア、そして、一定期間、民主主義体制を保持したタイに登場した民主主義の特徴についてみてみよう。

民主化以降、フィリピンは権威主義体制以前の民主主義に回帰したとみられる。その最大の特徴は地方エリートが国家を利用する民主主義である。一方、インドネシアは、国民国家の維持のためにさまざまな社会集団の要求を取り込むため、また、スハルト政権のような強権的な支配の再登場を阻止するため、権力の集中をできるだけ排除するような制度的な枠組みをとった。これに対して、タイは、民政のもとで政治腐敗を経験したこともあり、地方ボスに牛耳られる政治を阻止し、また、国政指導者の権力を強化して「決められる政治」を指向するようになった。

弱い国家と民主主義

民主化後のフィリピンが採用した憲法の枠組みは、マルコス権威主義体制以前の一九三五年憲法の枠組みを基本的に踏襲したものである。大統領や議員の任期、国家機構などについて変更もあったが、大統領制を採用し、二院制の枠組みをとった。そして、このような制度的枠組みへの回帰とともに観察されたのが、以前のように地方エリートがそれぞれの領域で権力を独占し、このようなエリートたちが国家の資源を収奪していく政治であった。権威主義体制を経験したにもかかわらず、国家はこうした社会の強者に対抗するほどの自律的な統治能力を持つことはなかった。公的な領域は私的な利益によって占領され、これが統治の質を低め、民主主義への信頼を阻害していくことになった。(24)

権力の私的利用の最たるものが、地方での政治職を特定の家族が独占していることである。これは、フィリピンでは「政治王朝」と呼ばれている。民主化直後の一九八七年下院議会選挙で当選した議員のうち八四・五%がマルコス権威主義体制以前に地方に勢力を持っていた地方エリートの家族の出身であり、その傾向はその後も変わらなかった。二〇一三年の中間選挙では下院議員の七四・〇%、上院議員の八二・六%、州知事の八五・〇%、町長の八四・〇%がこうした地方有力家族の出身とみられる。(25)

このような状況では、社会のさまざまな利益をそれぞれ代表する政党の間で安定的に競争が展開される「政党システムの制度化」が阻まれる[26]。一九七二年の戒厳令布告以前は、国民党と自由党の二大政党が存在していたが、この二つの政党はいずれも地方エリートを中心とした垂直的なクライエンテリズムのネットワークによって成立したほぼ同じタイプの政党であり、政党間での政治家の移動も頻繁に発生していた。つまり、政党システムは、社会の亀裂を反映した利益調整の仕組みとしては機能していなかったのである。

一九八六年の民主化後は、政党システムの安定性がさらに損なわれ、大統領選挙のたびに有力な大統領候補がそれぞれの政党をつくり、選挙の後は当選した大統領の政党に一挙に鞍替えする、あるいは大統領の政党と協力関係を組む状況が生まれた[27]。

地方エリートがつくりあげた垂直的な政治動員が中心となって、社会階層など社会の亀裂を反映させた政党が存在しない状況は、しばしば人々の政治に対する不信を醸成させてきた。とくに、政治指導者の汚職問題が顕在化するとその不信が表面化した。

図2－1は、一九九一年一一月から二〇一八年九月まで定期的におこなわれた民主主義の満足度に関する世論調査の結果を示している。内容は、フィリピンでの民主主義の運営のされ方に満足しているかどうかを聞いたものである。大統領の違法賭博への関与の疑惑など、さまざまな汚職疑惑が発覚したエストラーダ政権期（一九九八～二〇〇一年）に満足度が大きく落ち込み、その後も大統領の指示のもとでの選挙不正疑惑や中国企業との不適切な関係などが指摘されたアロヨ政権期（二〇〇一～

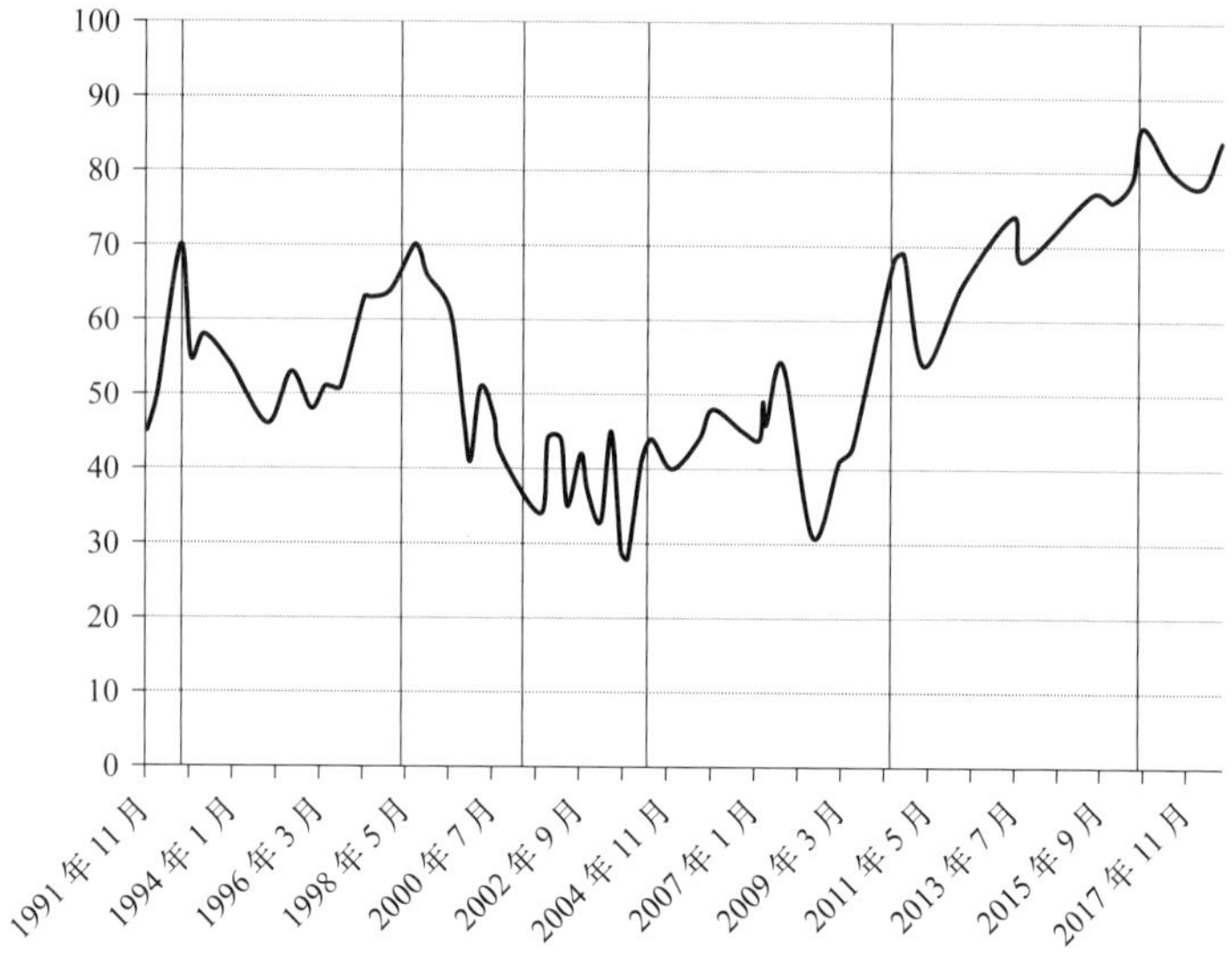

図2－1　フィリピンにおける民主主義の満足度推移（%）

出所：Social Weather Stations のデータ（https://www.sws.org.ph/swsmain/artcldisppage/?artcsyscode=ART-20181004232016）から筆者作成。

二〇一〇年）に五〇%を切る数字となっている。

汚職の問題は、政治家が国家を私的に利用する典型的なパターンであり、それを排除できないフィリピンの国家の自律性の低さが如実に現れている。図２－２は、世界銀行のデータから作成したもので、東南アジア五カ国と日本の汚職抑制のレベルを示したものである。シンガポールがとびぬけて汚職を抑制できており、それに続いて日本、マレーシアとなっている。マレーシアでもそれほど汚職が抑制されているわけではないが、それにもまして民主化したフィリピン、インドネシア、タイは三つ巴のまま低い状態に置かれていることがわかる。

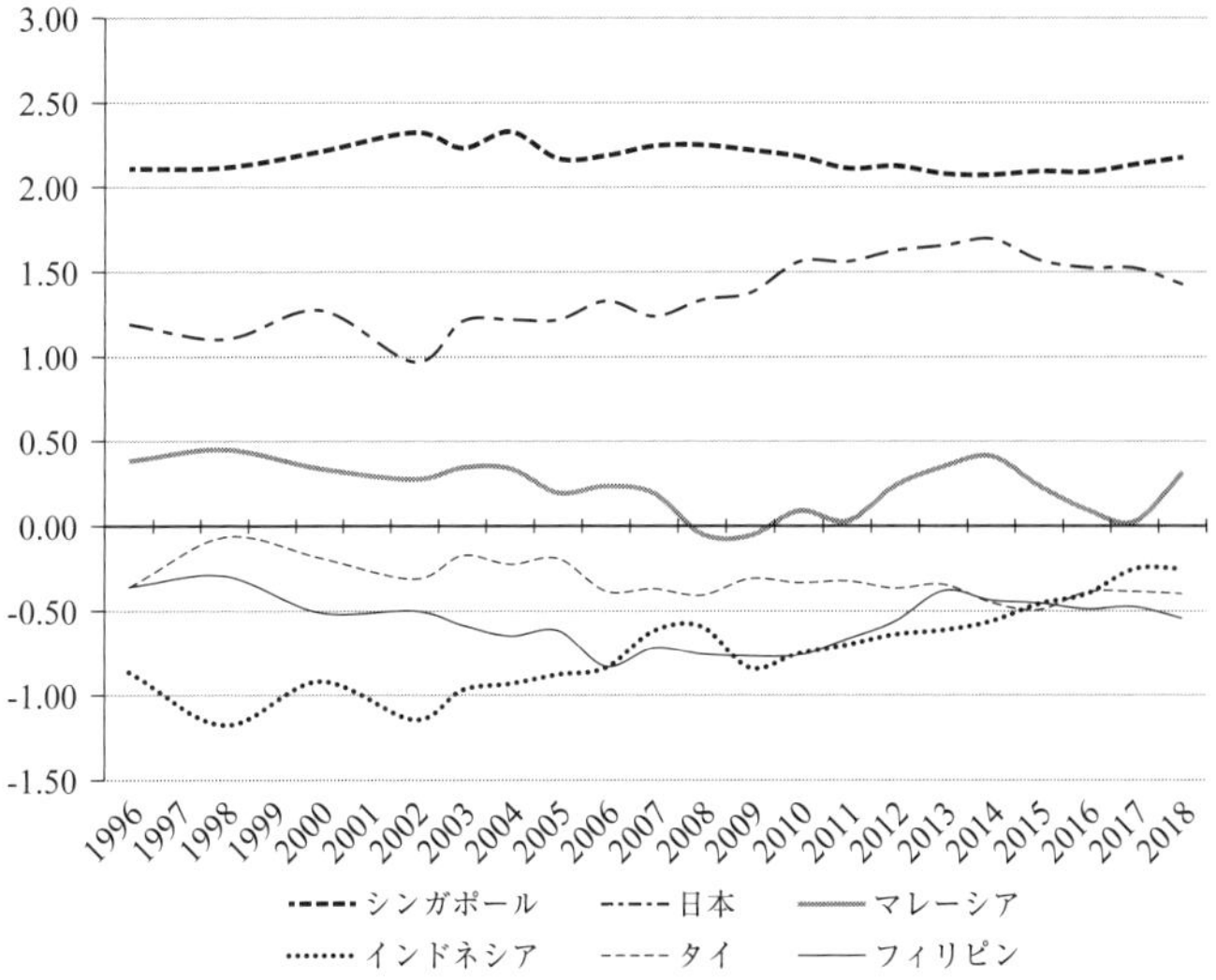

図2－2　汚職の制御レベル

出所：World Bank, Worldwide Governance Indicators のデータ（Indicatorshttps://databank.worldbank.org/source/worldwide-governance-indicators）から筆者作成。

権力の監視と諸利益の調整

国土が広く、人口も多いインドネシアでは、民主化のプロセスにおいて国民国家が崩壊してしまうのではないか、という懸念が大きかった。実際、独立運動の強かった東チモールは民主化直後に独立し、同様に独立の機運の高かったアチェやパプアでも独立運動が継続していた。また、マルク州ではイスラーム教徒とキリスト教徒の間で大規模な暴力的衝突が発生した。アリランと呼ばれる政治化した社会の亀裂や地方と中央の軋轢など、独立時から抱えていたさまざまな亀裂が、ふたたび重大な課題として顕在化する可能性を持っていた。

　インドネシアの民主化はこうした分裂の脅威を回避するのに比較的有効な手順

で進められたと考えられる。おおまかには二つの特徴が指摘できよう[28]。ひとつは、制度改革を一機に進めるのではなく、時間をかけてゆっくりと進めていったことである。憲法改正は一九九九年から二〇〇二年にかけて四回おこなわれ、選挙法にいたっては選挙のたびに変更が加えられている。少なくとも二〇〇〇年代前半では、ほかの国でよくみられるような制度改正が現職の優位性を高めるためにおこなわれるというよりは、主要な政治勢力の間での調整のもとで改正が進められてきた[29]。もうひとつは、権力の集中を排除し、権力監視の枠組みを制度的に整え、くわえて権力を獲得するにも複数の政治勢力が協力するような枠組みをつくっている。

権力の分散と諸利益の調整という意味で重要なのが、比例代表制を含む選挙システムのタイプであり、それによって生み出されている分散的な多党システムであろう。スハルト権威主義体制期には、野党を二つの政党に限定していたが、民主化後は比較的緩やかな要件を満たせば選挙に参加できるようにした（ただし、特定の地方のみを代表する政党は認めていない）。競争性の向上である。そのうえで国民議会選挙の比例代表制の維持、大統領候補の要件として一定の議席を持つ主要政党の候補者指名、大統領選挙での決選投票の導入などによって、大統領職を獲得するために有力政党の支持と、複数の政党間の協力によって過半数を確保する必要を生み出した。つまり、各政党は選挙を通じて合意を形成しなければならないし、また、大統領は議会に一定程度の支持を確保することが促された。政治に関わる主要な勢力が利益調整するインセンティブが制度的に用意されたということである。

さらに、インドネシアでは大統領の権限が比較的弱いことも特徴的である。大統領の立法権限、つまり、立法過程に影響を与える拒否権、大統領令などと、大統領の党派的権力、すなわち、政党を統制する力の二つの基準でアジアの大統領制を比較してみると、インドネシアの大統領の立法権限はかなり弱い[30]。一方、党派的権力を、大統領を支持する連立与党の議会議席割合で考えてみると、ハビビからユドヨノまでは議会の圧倒的な多数を占めていたが、大統領出身政党が議会の過半数を制していたのは、スハルト退陣直後、その職を引き継いだハビビのみで、その後、与党一党で過半数を取ったことはない。

政権にとっては常に連立が必要となり、しかも、連立に加わった政党はそれぞれの政党規律が強い。そのため、政党対大統領の関係においては、大統領が直接に個々の議員を切り崩すことが難しいので、政党の交渉力が強くなる。結果、大統領は弱い立場に置かれている。とくに大統領は議会から支持を得ようと閣僚ポスト提供を通じて、多くの政党を連立与党に引き込まざるをえないため、連立内での利益調整はそれほど簡単には進まない[31]。

制度的にみて、もうひとつ権力分散として特徴的なのが、憲法裁判所、汚職撲滅委員会（KPK）、選挙管理委員会（KPU）などの権力監視機関の設置である。憲法裁判所は権力の当事者以外の第三者が憲法判断をおこなうことで、権力の濫用を防ぐ効果が期待される。民主化後に設置された憲法裁判所は比較的独立性が高く、実際に多くの訴訟を手がけ、選挙関連の争いなどで積極的に判決を下し、民主主義の安定に寄与しているとの評価も受けている[32]。

また、汚職撲滅委員会も積極的に政府の汚職を訴追し、二〇〇四年から二〇一〇年の間でみると国民議会議員を含む二四五件の事件で被疑者を有罪にしている[33]。ただし、二〇一九年にこの委員会の独立性と権限を弱める法改正がされ、広く反発を呼び起こした。

なお、地方分権化の推進も重要な変化である。スハルト退陣後、政権を引き継いだハビビ大統領のもとで急速な分権化が進められた。州の下にある地方政府に対し権限と財源の移譲を大胆におこない、自治体の新設を認めた。これは、民主化直後に発生した地方の混乱を収拾する効果を持ったといわれている。さらに地方首長公選制を導入し、地方でも政治的競争が活発になった。

このように、権力の集中を避け、さまざまな利益が政治に反映されるよう時間をかけて進められてきた制度改革であるが、その一方で、民主化後のインドネシアでは特定の人々に富が集中し、豊かな少数有力者たちの支配が相変わらず継続している、という議論が出てきている[34]。

たしかにインドネシアでは、統計的にも、民主化後に所得格差が拡大していることが確認されており、政治権力と富にアクセスすることのできる限られたエリートたちの支配という見方を支える材料となっている。地方分権化については、地方での政治の活性化により競争が激しくなり、金権政治を誘発したとみられている。それは、地方での権力の私物化を進め、汚職の広まりとともに、地方における権力の固定化を招いているともいわれる[35]。これはフィリピンのオリガーキー（寡頭支配）の議論とほぼ同じである。オリガーキーという理解については批判的な議論もあり[36]、必ずしもインドネシア政治に対する確立された見方というわけではない。とはいえ、富の集中が起こっていることは確かであり、これが民主主義のあり方に影を落としている。

制度変更と政治動員の変化

一九九二年のタイの民主化によってもたらされた民主主義は、必ずしも強固なものではなかった。民主主義にとって重要な役割を果たす政党が十分に成長し、制度化されていなかったことがもっとも大きな問題とみられる。

そもそもタイで凝集性の高い政党が成長しなかった理由としては、ほかの東南アジアの国々のように独立運動の担い手がそのまま政党に転換するという経験がなかったことが大きい。西欧諸国からの植民地支配の脅威に対抗したのはチュラロンコーン王を中心とした近代化の動きであり、立憲革命を進めた人民党も結局のところ官僚と軍の集団であって、幅広い政治参加を目指したわけではなかった[37]。インドネシアの国民党や共産党、マレーシアのUMNO、シンガポールのPAPのような政党は生まれなかった。

こうした状況から出発したものの、一九八〇年代の経済成長はタイの政治のあり方に大きな変化をもたらしていた。それは、官僚と軍を中心とした権力闘争という立憲革命以降の政治競争のパターンが徐々に衰退し、代わりに政治にビジネスエリートが参入してその役割を拡大させていったことである。クーデタによる中断をたびたび経験しながらも、民政期における議会に占めるビジネスエリート出身の議員の割合は年々増加していった[38]。それはバンコクのみならず、そのほかの地方においても同様の傾向をみせ、地方エリートの台頭が顕著になっていったのである[39]。

そもそも社会の亀裂を基盤として制度化される経験のなかったタイの政党は[40]、ビジネスエリートの役割増大のなか、物質的な利益の分配、具体的には選挙時の票買いを中心としたクライエンテリズムのネットワークとしての性格を強く持つようになっていた[41]。その傾向は民主主義において大きく増幅される。それは票獲得競争が激化するためである。そして、権力を利用した私的な利益の獲得、そして、その権力を得るために金品を配って集票するという仕組みは、汚職と表裏一体となった。

一九九二年の民主化によってタイに立ち現れた政治は、そうした傾向の継続だった。政党は乱立し、政党や政党内の派閥はクライエンテリズムのネットワークでつながれ、それらは合従連衡を繰り返して政権を獲得しようとした。こうした状況をもたらす重要な要因が、選挙制度だった。一つの選挙区に複数の議席が割り当てられる中選挙区・連記制（投票者が複数の候補者を選べる）が政党の数を増やし、多党システムを生み出していた。それは、常に複数の政党によって連立を組まなければ政権を獲得できない状況をもたらした。さらに、こうした選挙制度は、有力議員を中心とした派閥を生み、政党は派閥の単なる集合体となって、その凝集性を低下させた。

参加政党それぞれが政権維持に大きな影響を持つ連立のあり方は、各政党の発言権を高める。政策を変更するために連立に参加する政党ひとつひとつから合意を得ることが不可欠となり、多くの手間がかかることになる。政権維持のために複数の派閥や政党の同意を必要とする首相は、その指導力を低下させていく。結果として、政策の変更が困難となり現状が常に維持され、突発的な危機が発生しても対応しにくくなる。

ビジネスエリート中心のクライエンテリズムに依存する政治動員と、政党システムの制度化の弱さが問題視され、これが一九九二年の民主化直後から新しい憲法を制定しようとする動きにつながった。憲法改正の動きは一進一退を繰り返したが、通貨危機の影響が深刻化するなか、これまでにない大胆な制度改革を含む憲法が一九九七年に制定された。この一九九七年憲法の制定が一九九二年の民主化後のタイ政治の大きな転換点となった。この憲法によってもたらされた多数決型の政治制度と社会階層にもとづく分極化という二つが、二〇一四年にクーデタで崩壊するまでのタイの民主主義を特徴づけている。

一九九七年憲法の目的は、規律ある政党による競争をもたらし、民主主義の運用を適正に実現するというものだった。第3章で詳細を示すが、小選挙区制を中心とした選挙制度の導入、首相の地位強化がその柱となった[42]。マレーシアやシンガポールの政治制度のような多数決型政治制度への大きな変更がなされたのである。それは選挙の勝者が権力をすべて掌握する「勝者総取り」の仕組みであり、とくに国政の指導者、つまり、議院内閣制のもとで首相に権力が集中することを意味した。強い指導者がほかの政治勢力の同意を必要とせず、「決められる政治」を断行する制度である。

一九九七年憲法の新しい制度的枠組みは政治的競争のパターンを大きく変えることになった。それは、大きくなった首相の権力をめぐる政治的競争の度合いを強め、分極化を促進した。タクシンという強力な政治指導者が登場し、都市中間層と農村住民という社会の亀裂が顕在化した。これが軍の介入をふたたび招くことになり、民主主義の崩壊に結果として結びついたのである。その後、クーデタや司法の党派的介入など、目まぐるしい政争が展開された。その間も一貫して都市中間層と低所得者層・農民の対決、それもかなり暴力的な行動が繰り返された(43)。

二〇一四年のクーデタ以後の軍政は、こうした分極化した構造を根底に抱えながらも、支配が長期化するにつれて、政治的競争の軸を、都市中間層対農村住民から、ふたたび軍政と民主化運動の対決の構図に戻した。それが顕著に現れたのが、クーデタ以降初めて実施された二〇一九年の総選挙である。ここでは長引く軍政に対する不満が明確に現れ、民主化を要求する勢力の議席が大きく伸びた。軍が支持する政党がかろうじて政権を維持したものの、民主化を求める動きは街頭行動となって継続している。

一九七三年の学生革命や一九九二年の民主化のときにみられた軍の支配とそれに抵抗する学生・都市中間層というかたちが、二〇一九年以降の政治対立の軸となったが、これまでと大きく異なる点が王室の立場である。一九七三年、一九九二年の政変においてプミポン国王は民主主義の擁護者としての役回りを担った。しかし、二〇一六年にその国王が亡くなり、新しい国王が即位したことにともない、王室は軍政と並んで民主化を求める運動の批判対象に転換した。

第3章　民主主義の不安定化

一　制度からの逸脱

第1章で、競争と秩序のバランスをうまくとれるかどうかが民主主義の直面する課題として重要であり、それを支える機能を民主主義制度が十分持ちうるかどうかがカギであると述べた。それを理解するために四つの具体的な事象を対象とするとしたが、この章ではまず、一番目の無秩序な競争が引き起こす民主主義の不安定化について取り上げよう。

無秩序な競争とは、ルールに従わず、暴力を含むあらゆる資源を使って権力を獲得しようとする行為である。民主主義のもとでは、選挙制度に従い権力をめぐる競争がおこなわれ、その結果として権力者が決定される。そして、議会での決定ルールに従い政策を法律として定める。これが民主主義制度に従った秩序ある競争である。しかし、選挙以外の方法、たとえば、暴力的な方法で権力を獲得しようとしたり、議会での手続きを形骸化して特定の権力者のみが政策を決める、といった行為が、民主主義にとっての無秩序な競争になる。その性質を簡潔に表現すれば、「制度から逸脱した競争」である。

このような制度からの逸脱事例は枚挙にいとまがない。軍が暴力にものを言わせて政権奪取を試みる軍事クーデタや、大統領が議会を閉鎖して競争相手を排除しようとする自己クーデタ（autogolpe）などが極端なパターンである。これまでの東南アジアの事例としては、インドネシアでのスカルノの戒厳令布告、九・三〇事件とスカルノを排除したその後のスハルトの権力掌握、タイの繰り返されるクーデタ、フィリピンでのマルコスの戒厳令布告や民主化以降のたび重なる軍の蜂起などが、これに該当する。

軍の武力を用いたものでなくても、多くの人々を動員し、街頭での示威行動で権力者を交代させようとすることもある。フィリピンで選挙に大勝したジョセフ・エストラーダ大統領が、就任から三年もたたないうちにマニラ首都圏での大規模な辞任要求運動によって辞任を余儀なくされた事件や、タイでタクシン首相およびタクシン系の政権に抵抗する黄色いシャツを着た集団が政府機関や国際空港を占拠した事件、逆に赤いシャツを着たタクシン支持派がバンコクで騒乱状態を起こした事件などが、これに該当する。(1)

こうした制度からの逸脱はどのように発生するのだろうか。その答えは、そもそも、どのようなときに、主要な政治勢力が民主主義制度に従うのかを考えることで明らかになる。制度に従うのは、主要な政治勢力いずれにとっても、自分以外のほかの勢力がとりうる戦略の可能性を考慮したうえで、民主主義制度に従って競争することが自分にとってもっとも高い利得をもたらすと見込めるからである。主要な勢力が民主主義制度へコミットし、そこから離れたいと考えないこと、つまり、民主主義が均衡となることが、民主主義のもとでの秩序の安定をもたらす[2]。裏返せば、民主主義制度から逸脱したほうがより大きな利得を確保できると見込む勢力があれば、その均衡は解消し、制度が統制することができない不安定な状況が生まれる。

二　均衡としての民主主義

民主主義が均衡になるのは

ここで均衡とは、ゲーム理論でいうところのナッシュ均衡である。これは関係する人々、つまり、ゲームのプレーヤーが、誰もその状態から離脱するインセンティブを持たない状態を意味する。いいかえれば、その状態から離れることで自分が手に入れる利得が低下することが見込まれるため、その状態が維持されるという理解である。利得はある状態によって得られるベネフィットとその状態を実現するのに必要なコストの差し引きで決められる。ここで関係するプレーヤーは複数存在するのが前提となっていて、それぞれのプレーヤーの行動はほかのプレーヤーの動きを予測、計算しながら決められる。ほかのプレーヤーがとれる戦略を考慮したうえで、すべてのプレーヤーがそのまま現状にとどまるのが賢い選択だと考えている状況、これが均衡である。

この理解に沿って説明すると、民主主義のもとで政治秩序が安定するのは、その民主主義の仕組みのなかで決められた結果に従うことが、主要な政治プレーヤーにとって最適な状況にある、つまり、その結果に従うことが、従わないよりも結局のところ望ましい結果をもたらすということである。民主化後の民主主義が安定した状況は「民主主義の定着(democratic consolidation)」と呼ばれる。アダム・プシェヴォルスキはこれを、「民主主義が唯一の選択肢となった状態」と表現した[3]。つまり、利益対立があったとしても、その解決手段として民主主義の制度に沿うこと以外ありえない状態である。

この民主主義が均衡となることをもう少し具体的に考えてみよう。民主主義の制度として重要なものに選挙がある。選挙は政治的競争を市民の投票によって決着させる手段である。より多くの票を獲得したプレーヤー(個人、あるいは、政党)が権力を手に入れ、自分が望ましいと思う政策を実施するというルールだ。そこには勝者と敗者が生まれる。勝者にとっては自分が勝った選挙の結果は望ましいが、敗者にとっては当然、望ましくない。ここで、敗者が選挙結果を受け入れ、勝者が権力を手にすることを承認すれば選挙制度は維持され、民主主義は安定する。しかし、敗者にとって不利な結果を受け入れるのは損のようにも思える。何らかの方法で選挙結果をなかったことにできればよさそうである。なぜ、負けた側が負けを受け入れるのだろうか。

それは、短期的に不利益が生じたとしても、その制度に従っている限り、長期的には利益が確保される見込みがあることと、結果を覆すために騒ぎを起こすことで生じるコストが高く、権力を獲得したとしても、そこで得られるベネフィットに見合わないと考えるからだ。くわえて、失敗のリスクもある。

このような見込みをプレーヤーが持つためには、いくつかの条件が整うことが必要である。基本的には、勝者と敗者の利得があまりにも大きな差にならないこと、そして、将来的に選挙によって勝者と敗者の交代する可能性がある程度見込まれることである(4)。

勝者がすべてを手に入れ敗者がすべてを失うというようなことがあれば、もう失うものがない敗者は、負けた状態を甘受して次回の選挙を待つより、街頭行動や、場合によっては暴力の行使によって勝者を排除することも考えるだろう。もちろん、街頭行動などは人を動員しなければならないし、そうした行動によって経済全体が悪影響を受けることもあって、それをやろうとする側にもそれなりにコストがかかる。しかし、それでも得られるベネフィットが大きければ試してみる価値はあると考えるだろう。大統領や首相など執政府の長が強大な権力を持つような制度がこうした状況を生みやすい。逆にいえば、こうした執政府の長の権力を抑制してしまえばその可能性は低くなる。ほかの権力機関、たとえば議会や裁判所、その他の監督機関が絶えず監視して、必要なときには介入することができれば、敗者があえて危険な賭けに出る意味がなくなる。

また、選挙は一回限りの競争ではなく繰り返されるので、次の選挙、あるいはその次の選挙で敗者が勝者になる可能性があることも重要である。権力掌握の可能性が将来的に開かれていれば、選挙ごとにコストをかけて騒ぐより、次の機会を待つほうが合理的と考えることができる。くわえて、選挙結果を尊重することは、将来、自分が勝者になったときに、その選挙結果が尊重されることにつながる。いちどルールを外れれば、かりに自分が権力を握ったとしても、こんどは相手方から同様の行動をとられる可能性も高くなる。

敗者が少数派の立場に固定されていて、選挙で勝者となる見込みがほとんどない場合はどうだろうか。そうなると、常に負ける選挙には参加する気にならないだろう。制度から離脱するインセンティブが生じる。しかし、もし、少数派も一定程度、権力に関わることのできる制度的な枠組みをつくっておけば、かりに権力を獲得できないとしても、離脱する可能性が低くなる。勝者総取りの多数決型の制度ではなく、勢力の規模に応じた権力への参加が可能な合意型の制度、たとえば、比例代表制により議会に議席を一定程度獲得できるようにしておくというのはよく言及される方策である(5)。

あるいは、少数派にとって譲れない権利を憲法に書き込んで保障するのも有効である。少数派の利害を大きく左右するような事柄については、少数派が必要に応じて拒否権を行使できるようにする、といった制度的な対応も考えられる。少数派として人口規模の少ない民族集団を想定した場合に、たとえば宗教の自由を憲法で保障する、あるいは、地理的な少数派（ある地域の住民）を想定したときに特定の地域に関する政策変更にはその地域の人々の住民投票による承認を義務づける、といったことである。

なお、均衡として民主主義の安定を理解する立場に対しては、規範・価値観を重視する立場から批判が提起される可能性がある。人々はドライな損得勘定だけで動くのではなく、民主主義を尊重すべきという規範が人々の行動に影響を与えるという批判である。しかし、均衡による説明のなかで規範を理解することはそれほど難しいことではない。規範自体も非公式な制度と考えることができるからだ。その規範自体がコストとベネフィットに裏打ちされた制度である可能性が十分考えられる。そして、民主主義の手続きを守らなければならないと多くの人が考えると皆が知っているとすれば、ほかのプレーヤーが制度を無視する見込みが低くなる。規範は相手が採用する戦略を予測するために有益な情報を与えてくれる。

多数決型のタイ、合意型のインドネシア

制度が利得の構造を決め、プレーヤーの戦略も決めていく。制度のあり方がその制度に主要な政治勢力が従うかどうかに影響する。そうした視点に立てば、制度のタイプは民主主義が均衡となるかどうかを大きく左右する。一九九七年憲法によって導入されたタイの民主主義と一九九八年民主化以降のインドネシアの民主主義は、この点で対照的である。

アレンド・レイプハルトは民主主義制度の類型を「多数決型（majoritarian）」と「合意型（consensus）」の二つに分類した。前者は多数派を制した政党がすべての権力を掌握するもので、イギリスがその代表的な事例とされる。小選挙区制、二大政党システム、連邦制をとらない単一国家の統治などがその主要な要素である。このタイプの制度においては、勝者と敗者の差ははっきりする。勝たなけ

れば、まったく権力に関わることができず、勝者と敗者の利得の差が大きくなる。政権交代のたびに政策のブレが大きくなるが、政策に関する責任の所在がはっきりして、有権者が政権を評価するのは容易になる。合意形成の手間が少ないため、政策決定と実施が迅速に進められることも多数決型が支持される際にあげられる理由だ。

一方、合意型は少数派であってもその勢力のサイズに見合う権力の分有が可能な制度の枠組みである。スイスが典型的な例とされ、比例代表制、多党システム、連邦制などがその主要な要素である。単一政党が政権を維持するほどの勢力を獲得しにくいことから連立政権が組まれやすい[6]。多数決型とは異なり、少数派でも一定程度の影響力を持てるため、勝者と敗者の利得の差が相対的に小さくなる。ただし、連立の組み替えが頻発して政策責任の所在が不明確になったり、合意形成に手間がかかるために政策変更が迅速におこなえなかったり、といった特徴も持つ。

多数決型と合意型のそれぞれの利点と欠点は表裏の関係にある。多数決型の決定力・明確な責任所在と合意型の包摂力はトレードオフの関係にあり、どちらが良いのかを決めるのは難しい。また、どういった政治勢力が社会に存在し、また、そもそも政治権力が人々の生活にどれほど影響を与えるかが制度の効果に影響を与えるため、特定のタイプが必然的に不安定化するわけでもない。

こうした前提のうえで、この民主主義制度のタイプの違いに対応して東南アジアの国について考えてみると、多数決型の制度をとったタイでは民主主義制度に関する均衡が崩れて軍事クーデタによる民主主義の崩壊が発生した。一方、合意型の制度をとったインドネシアは民主主義制度を均衡として維持し、東南アジアのなかでは比較的秩序が安定してきた。

多数決型の効果

タイでは、多数決型の制度のもとでそれまで潜在的だった都市中間層と農村低所得者層の亀裂が顕在化し、その亀裂に沿って勝者と敗者の固定化が進んで民主主義の崩壊につながった。インドネシアでは、他のいずれの勢力よりも明らかに優位な立場にある勢力が不在のまま、複数の政治勢力が競争しており、そのため合意型の制度が主要な政治勢力の取り込みに成功したと理解される。

タイは、一九九七年の憲法制定にあたって、それまでの「決められない政治」を打破し、執政府の長（議院内閣制をとるためここでは首相）が強い指導力をもって問題を解決する制度の枠組みをつくろうとした。

一九九二年の民主化後にタイが経験したのは、それ以前から続く政治家たちの利権をめぐる争いであり、そうした争いが引き起こす政権の不安定性だった。前章で触れたが、中選挙区・連記制という選挙制度がそうした争いを悪化させた。政党の数が増え、多党システムを生み出して、常に複数の政党によって連立を組まなければ政権を獲得できない状況をもたらした。さらに、こうした選挙制度は、有力議員を中心とした派閥を生み、政党は派閥の単なる集合体となって、その凝集性を低下させた。

政策変更のためにその合意を得ることが不可欠なプレーヤーを拒否権プレーヤーと呼ぶが[7]、この拒否権プレーヤーの数が多いと、すべてのプレーヤーの利益（あるいは政策の選好）を満たす妥協点を探るのが困難になる。政策を容易に変更することができず、硬直的な状況に陥るということである。一九九七年憲法以前のタイの制度的な構造はこのような多くの拒否権プレーヤー（とくに党派的プレーヤー）を生み出すような枠組みになっていた。一九九七年の通貨危機がタイで深刻な影響を与えた原因のひとつとして、この拒否権プレーヤーの多さにより金融政策の変更ができなかったことをあげる議論もある[8]。

こうした制度的枠組みをあらため、政治腐敗や選挙不正をなくし、政党の凝集性を高め、安定的な政権を確立することを狙って、一九九七年憲法が制定された。

制度変更のなかでも政治のあり方にもっとも大きな影響を与えたのは選挙制度の変更だった。中選挙区・連記制を廃止し、小選挙区の比重の大きい小選挙区比例代表並立制（小選挙区四〇〇議席、比例代表区一〇〇議席）を採用したことは、政党の数を減少させ、党指導部による党員への規律づけを強めることになった[9]。多数決型の制度の根幹がここでつくられた。

くわえて、首相の地位強化も進めた。たとえば、閣僚は議員のなかから選ぶが、議員との兼職を禁じた。つまり、いったん閣僚に就任した場合、閣僚であること以外の公的立場がなくなり、閣外に出ると権力を失う。こうなると閣僚はその権力が首相からの信頼に依存することになり、首相の統制がより強く効くようになった。

また、不信任決議案提出の要件を議員の四分の一から五分の二に引き上げ、内閣不信任の要件をより厳しくして政権の安定性を高めた。さらに、選挙への立候補要件として、一定程度の政党所属期間

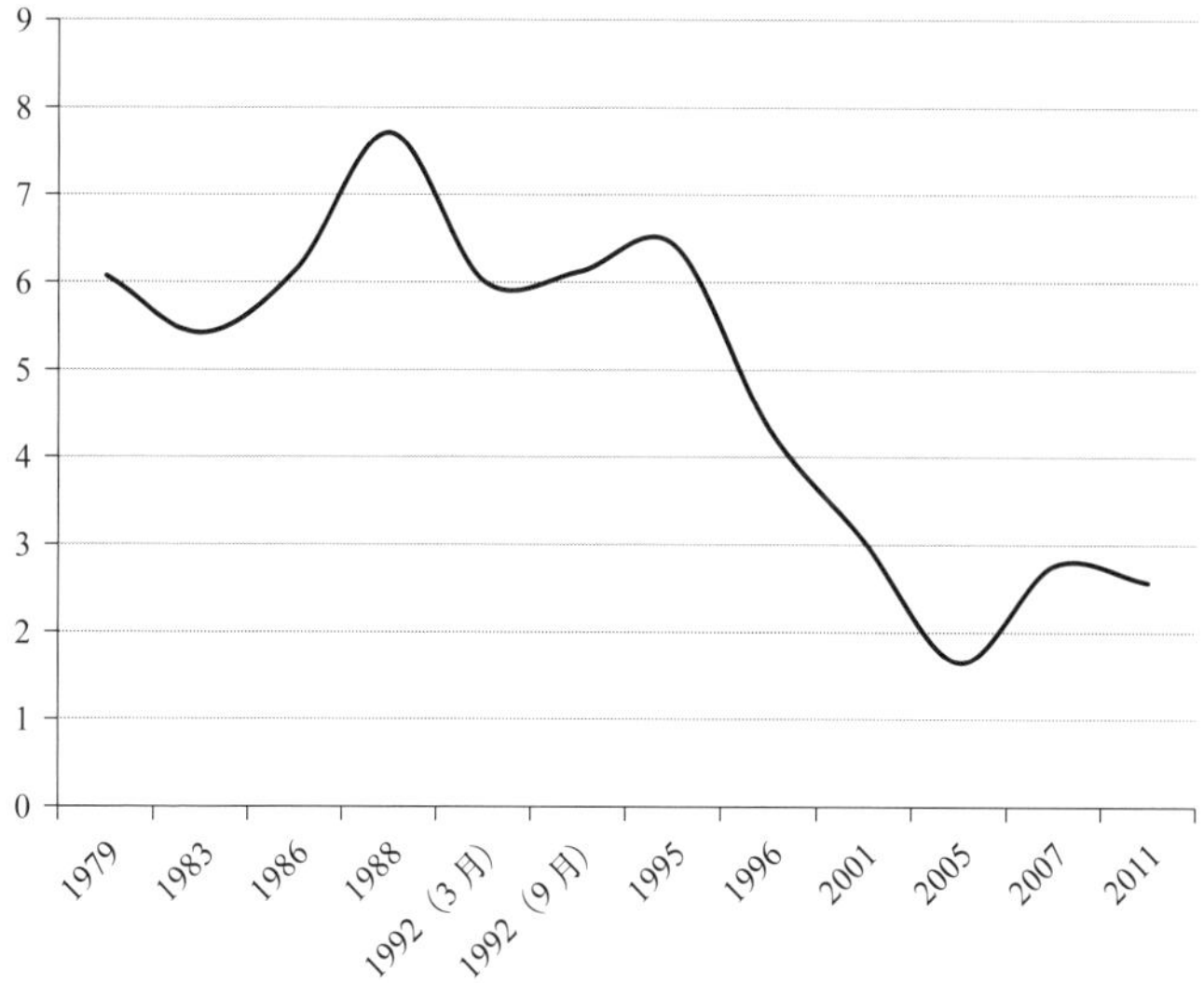

図３－１　タイにおける有効政党数の推移

出所：Kuhonta（2015）から筆者作成。総選挙の実施された年の政党数を表示している。

が求められ、議会解散時に政党を変更（新党発足も含め）した議員が立候補できないような規定を設けた。選挙時には政党に九〇日以上所属していなければならないとし、議会が解散された際、選挙は六〇日以内に実施するという規定と合わせて、与党からの離反を難しくしたのである。これによって首相の与党党首としての権限が強化され、影響力をさらに増大させた(10)。

制度改革の効果はてきめんに現れた。図３－１はタイにおける議会の有効政党数（実際の政党の数に各党の議席占有率の重みをつけた指標）の推移を表している(11)。以前から有効政党数の減少傾向はすでにみられていたものの、一九九七年憲法制定以降の選挙で政党の数は大きく減少している。

この制度のもとで、タクシンという強い

指導者によって率いられ、議会の過半数を安定的に獲得するタイ愛国党が出現した。

一九九七年憲法が制定される以前の一九九二年から一九九六年までに成立した三つの政権は、五から七政党によって構成される連立政権だった。そして、連立内での対立を原因として、いずれも任期満了を迎えず、下院の解散、もしくは内閣総辞職によって交代している[12]。

これに対して、一九九七年憲法のもとで二〇〇一年に成立したタクシン政権は、当初からタイ愛国党だけでほぼ過半数を取り、その後、政党の吸収により単独過半数を占めるにいたった。さらに二〇〇五年の選挙では、実に議席の四分の三をタイ愛国党が占める状況が生まれる。与党党首のタクシンの権力は大きく、「CEO宰相」として、トップダウンで政策を実施していく強い指導力が示された。

しかし、権力が集中する制度のもとでの一人勝ちの構造は、その後、権力へのアクセスを制限された人々、とくに都市中間層や軍、そして、相対的に役割を低下させた王室の反発を受け、クーデタで崩壊することになる[13]。政権崩壊の詳細については本章の後半で述べる。

合意型の効果

一方、インドネシアは広い国土、規模の大きい人口、民族集団の多様性を考慮し、民主化後の四度にわたる憲法改正のなかで、国民国家として統一を維持するために権力の集中を排除し、合意形成を前提とした制度的枠組みを形づくっていった。少数派であってもその勢力規模に見合う権力への参加を許容する政治制度、つまり、合意型の政治制度をインドネシアは採用した。これは多数決型の政治制度に舵を切ったタイと、ちょうど逆の方向への制度変更である。

スハルト大統領のもとでの権威主義体制では、国民議会の選挙枠は比例代表による選出だったが、四六〇議席（のち五〇〇議席）のうち一〇〇議席は任命枠であり、さらに大統領を選出する国権の最高機関である国民協議会は、半分が国民議会議員、残り半分を任命議員が占め、およそ半数がスハルト大統領によって任命される制度となっていた。民主化後は、比例代表制を維持しつつ、二〇〇四年までに任命枠を廃止した[14]。一選挙区あたりの議席数は少なくなり、二〇〇九年以降は非拘束名簿制に変更されて政党の縛りは弱くなったが、合意型の政治制度としての特徴は基本的に変わらない。

また、二〇〇四年以降は大統領を直接選挙で選出するように変更したが、大統領候補としての資格を得るための条件として幅広い支持を得ることを求める仕組みを設けた。大統領選挙の実施される三カ月前に議会選挙がおこなわれる選挙の順序になっていたが、議会選挙で一定程度の得票率と議席占有率を持つ政党（あるいは政党連合）による公認を大統領候補の要件としたのである。これによって、議会と対立的な候補が立候補する見込みが少なくなった[15]。

さらに、大統領選挙自体では、国全体での過半数の票と全国の州の半分以上で二〇%以上の票を獲得した候補がいなかった場合には、上位二候補による決選投票がおこなわれることになった。多党システムと合わせて、大統領となるのに有権者の過半数の支持を必要とする制度は、政党間の広範な連携を進めるインセンティブを主要な政治勢力に与えることになる。

合意型の政治制度のもとで、多党化が進み、民主化後の一九九九年選挙から二〇一九年選挙までの

表3－1　インドネシアにおける大統領の党派的権力

大統領	大統領出身政党	議席割合	連立与党数	合計議席割合
ハビビ	ゴルカル党	65.0%	2政党1会派	97.8%
アブドゥルラフマン・ワヒド	民族覚醒党	10.2%	7政党1会派	94.8%
メガワティ	闘争民主党	30.6%	5政党1会派	83.2%
ユドヨノ（第1期）	民主主義党	10.2%	7政党	63.8%
ユドヨノ（第2期）	民主主義党	26.8%	6政党	75.5%
ジョコ・ウィドド（第1期）	闘争民主党	19.5%	5政党	44.0%
ジョコ・ウィドド（第2期）	闘争民主党	22.3%	6政党	74.3%

注：連立与党の数と合計議席割合は大統領選挙後の数字。
出所：川村（2012），川村（2015），Nikkei Asian Review, October 23, 2019にもとづき筆者作成。

五回の選挙で、一政党あたりの議席割合は、もっとも高い場合でさえ三〇・六％（一九九九年の闘争民主党）にとどまり、その後は二〇％をかろうじて超える政党が一つあるいかないかで、九もしくは一〇の政党が議席を獲得している[16]。

そして、実際に、大統領は、権力を維持するため、多くの政党と連立関係に入った。表3－1に示されるように、連立に参加する政党は民主化後、常に六政党前後となった。第一期ジョコ・ウィドド政権発足直後の時期を除き、連立政権は議会の六〇％以上の支持を得ている。民主化以前にみられた大統領への権力集中への反動と、国民国家の維持を常に最優先の課題とするなかでできるだけ多くの勢力が協力する状況をつくりたいインドネシアの事情が、こうした制度を生み出したと考えてよい。

選挙管理システムの役割

さて、ここでひとつ厄介な問題がある。選挙不正である。権威主義において権力者が野党の自由を奪い、野党支持者が投票できないよう有権者名簿を操作し、さらには集計結果を「創造」することは珍しくない。民主主義で選挙不正の発生する余地はないかといえば、そう信じる人は少ないだろう。民主主義の枠組みを持っていても、競争が激しくなれば、暴力を背景に有権者を脅したり、金銭で票を買ったりということだけでなく、選挙管理をおこなう機関の職員を買収したり、集計操作をすることもありえる。選挙不正があった場合には、当然、人々の制度への信頼は損なわれる。主要なプレーヤーが制度に従う前提が脅かされ、民主主義が均衡とならなくなる。

選挙不正を解消するための手段は、中立性、公正性の高い選挙管理機関を設けることだろう。つまり、選挙管理機関が権力から自律的になるとともに、公正な選挙を実行する能力を持つことである。選挙管理機関の監視が適切におこなわれていれば、選挙不正が減少することが期待される[17]。

このような選挙管理、選挙監視の役割、効果を期待して、民主化を経験したフィリピン、タイ、インドネシアはいずれも、民主化後に独立した選挙管理委員会を設置、あるいは強化して、民主主義の安定を図ろうとした。しかしながら、中立的で効果的な選挙管理システムの確立には苦戦している[18]。

信頼の低い選挙管理

三カ国のなかで民主化以前から制度的に独立した選挙管理委員会を設置していたのはフィリピンである。しかし、選挙管理委員会は、権威主義体制期に選挙操作に積極的に関わっており、民主化後に改革の試みはされたものの、すぐに市民からの信頼を得られようもなかった。そもそも一九八六年の民主化のきっかけは、二月に突然実施された大統領選挙でのマルコス政権による選挙管理委員会を利用した集計操作だった。民間の選挙監視団体「自由選挙のための全国市民運動」（ＮＡＭＦＲＥＬ）が、独自の集計作業を通じて野党候補コラソン・アキノの優勢を示し、選挙不正の情報を公にしたことが、軍内部の反乱グループやカトリック教会、そしてエドサ通りに集まり民主化を進めた市民にとって自分たちの行動の正統性を支えていたのである。

こうした事情により、フィリピンにおけるその後の選挙管理システムの改善は、市民団体を選挙管理システムへ組み込むかたちで進められた。投票所ごとの集計が市民団体の監視のもと実施されることが法律によって定められた。しかし、権力者による選挙不正は民主化後も継続した。一九九五年の上院議員選挙において、集計途中で特定候補の票数の書き換えがあったとの疑惑が持ち上がり、選挙から三年を経て、上院選挙法廷はその不正の存在を認めた。さらに、二〇〇四年の大統領選挙では、前任者（エストラーダ大統領）の失脚で副大統領から大統領に昇格したグロリア・マカパガル・アロヨ大統領が、憲法に規定された再選禁止の例外規定により立候補したが、選挙管理委員会の委員のひとりに集計作業への介入を指示したことが公になった。不正の指示を与える電話会話が録音され、暴露されたのである。このような一連の不正疑惑によって、選挙管理システムへの不信がふたたび高まった。

二〇一〇年の大統領選挙・議会選挙で導入された自動集計システムは、こうした不信に対する回答である。マークシート式の投票表紙を機械で読み込み、即座に集計するシステムは、手作業での集計作業に比べて迅速で人的コストがかからないだけでなく、集計作業に際して票数書き替え不正を防ぐとして大きな期待を集めた。機械であっても集計操作される可能性があること、そうした操作があっても事後的に検証できないことなどが市民団体から指摘されているものの、おおむね集計に関しての信頼度は高まったといってよいだろう。ただし、投票前の不正（暴力による脅迫や票の買収）の機会に変化はなく、選挙不正の完全な排除はいまだに達成されてはいない。

党派的な選挙管理

一方、タイでは、長らく内務省管轄下にあった選挙管理の機能は、一九九七年憲法によって新しく設置された選挙管理委員会に移管された。一九八〇年代から地方政治家による票の買収が大きな問題となっており、選挙システムへの信頼の確立が、民主主義の安定に不可欠と認識されていた。タイの場合、特徴的なのが、選挙管理員会に与えられた権限がかなり強かったことである。

選挙管理委員会は、選挙不正の疑いがあるだけでその選挙区の選挙を無効にする権限を持ち（イエローカードと呼ばれる）、さらに、特定候補による選挙不正が証明されれば、やり直しされるその選挙区の選挙にその候補者が立候補する資格をはく奪することもできた（レッドカードと呼ばれる）。二〇〇一年の下院選挙では六二の選挙区で選挙が無効となり、再選挙に際しては五二人が立候補資格を失った[19]。この強い権限は、しかし、選挙の公正性を確保するよりも、選挙管理員会を利用した権力闘争につながっていった。

政権を獲得したタクシンは、選挙管理委員会の委員の交代に際し、自らの影響下にある人物を委員に据え、選挙管理委員会を自己の党派的利益の実現のために利用したといわれている[20]。その後、タクシン辞任要求運動が高まるなかで実施された二〇〇六年下院選挙では、選挙結果が確定しない選挙区が発生し、再選挙の実施をめぐり、選挙管理委員会と、反タクシン的傾向を強めていた憲法裁判所や最高裁判所が対立することになる。結局、憲法裁判所が選挙無効を決定し、選挙管理委員会委員の辞任を求めたことで、タクシン側が大きく追い込まれることになった[21]。

ここで辞任を拒否した選挙管理委員会委員たちは刑事告発を受け、有罪判決が下され、全員が解任された。ほどなくクーデタが起こりタクシン首相は追放され、選挙管理委員会は、こんどは元最高裁長官ら反タクシン系の人々によって占められることになった。

この新しい委員によって構成される選挙管理委員会は、二〇〇七年の下院選挙において多くのタクシン系の候補にイエローカード、レッドカードを出し、タクシン系政党「人民の力」党の勢いは削がれ、反タクシン系の民主党と勢力拮抗する結果をもたらした。党派性が強いうえに権限も大きい選挙管理委員会は、結果として、選挙の信頼性を損ない、民主主義が均衡となることを阻むことになった。それは、選挙による競争から街頭での対立への転換を生み出した。

分権的な選挙管理

インドネシアもタイ同様に、民主化後に内務省から選挙管理業務を分離し、独立した選挙管理委員会を設置した。しかし、タイとは異なり、強い権限を持つことよりも、いかに党派性を中和し排除するかに大きな関心が払われた。それは、民主化後のインドネシアの政治制度が合意型の特徴を持つことになったのと同じ方向にある。民主化後、最初につくられた選挙管理委員会は、政府代表者五名と政党代表者四八名によって構成されていた。政党代表者を加えることで選挙の正統性を高めることを見込み、また、当事者たちが積極的に相互の監視をおこなうだろうと期待してのことだった。ところが、実際には政党代表委員たちは自党の選挙運動に深く関与し、党派性を排除することができなかった。そのため、選挙管理委員会は大きく改編されることになった。

二〇〇〇年以降は党派代表を排除し、選挙管理委員会委員の選出に国民議会の常任委員会が関与するようにした。くわえて、二〇〇四年に選挙管理委員会が組織的に裏金作りをおこなっていたというスキャンダルが発生したことにより、選挙管理委員会自体への監視、とくに会計処理の厳格な管理が求められた。そうした流れのなかで、選挙管理システムの機能分化が進んだ。選挙を実施する選挙管理委員会のほかに、選挙監視を専門とする選挙監視委員会が設置され、さらに選挙管理委員会、選挙監視委員会双方の委員の解任手続きについてそれを検証する役割を担う選挙倫理委員会の仕組みも整えられた。

このような党派性の排除をおこなう改革は、もう一方で、選挙管理の効率性を犠牲にする面もあったと指摘されている[22]。党派性の排除という点で選挙への信頼獲得に貢献しつつも、有権者リストの整備など実務面での不備が目につき、別の意味で信頼を確立するのに時間がかかった。

権力者による権威主義化と調整問題

均衡が壊れるもうひとつのパターンとして、民主的な手続きで選ばれた権力者が民主主義を壊すものがある。均衡が権力者の離脱で崩されるタイプである。近年では、戒厳令を布告して議会を閉鎖するといったあからさまな崩壊は珍しく、むしろ、徐々に執政府の長が司法や立法への統制を強化し、メディアに脅威を与えて批判を封殺しようとする「民主主義の後退」と呼ばれるものが多くなっている。こうした権力者の民主主義制度からの離脱に関して、市民あるいは野党の抱える調整問題が重要であることを指摘しておきたい。

権力者が民主主義制度に従わずそこから離脱するのも、離脱するほうが制度内にとどまるより高い利得を得られるから、と考えるのが均衡にもとづいた説明である。現状のままでは継続して権力を維持できないような状況に直面した場合、将来的な利得の大幅な減少が見込まれるので、権力者は制度から離脱しようと考える。憲法や政党規約などで決められた任期制限で政治的なキャリアが終了するとか、選挙で勝利する見込みがきわめて低いとか、議会で野党が優勢となって意図した政策の立法化がことごとく阻まれる、といった場合である。戒厳令を布告し、反対派を駆逐して権威主義体制に転換することで権力維持が可能となると見込み、そうした行動をとった場合のコスト、たとえば反対勢力の抵抗を抑えるためのコストや、経済的な負の影響、対外関係の悪化などが十分対処できる範囲にあると考えれば、民主主義から離脱する可能性は出てくる。

権力者の制度からの離脱にとって大きなコストとなるのは、市民からの抵抗である[23]。民主主義制度がないがしろにされたときに、野党が共闘し、市民からの大規模な抗議が起これば、それを抑圧するためのコストは計りしれない。しかし、市民からの抗議がごく一部からのものにとどまり、多数が自分の問題と考えず静観するのであれば、そのコストは低下する。この抑圧コストの大きさを決定する市民からの抵抗の強さを考えるうえで重要なカギとなるのは、市民が共闘できるかどうかである。共闘が可能になるためには、市民間（あるいは少なくとも野党間）での調整問題が解消されなければならない。

調整問題とは「囚人のジレンマ」の一種で、別のプレーヤーが協力しないことを恐れるあまり、お互い非協力となり、結局、いずれのプレーヤーも相対的に低い利得しか得られない均衡に陥ってしまうことを指す。ここでは市民のなかでの異なる集団が、それぞれプレーヤーとして想定される。野党や市民が分断されている場合、自分だけが声を上げてもほかの集団が共闘しないと見込んでいれば、もっぱら抑圧の対象にされることを嫌い、声を上げるのにも躊躇するだろう。そもそも抵抗が広範に広がらなければ権力者を抑え込むことはできない。野党、市民の分断は権力者の民主主義からの離脱を容易にする。

調整問題を解消する手段として、伝統的に重要とされるのは憲法の権利保障である。これは憲法による保障が実効的であるかどうかというのとは異なる。ここでは、憲法で保障された権利が権力者によって侵害された場合、直接的に不利益を被る集団だけでなく、ほかの集団も将来的に自らの権利が侵害される見込みを持つことが重要である。そうした見込みがあれば、共同して抵抗する可能性が高まる。権力者がそれを認識していれば、権利侵害の引き起こすコストの上昇を恐れ、侵害行為を思いとどまるという議論である[24]。

たとえば、フィリピンでは、民主化後に制定された一九八七年憲法が人々の共闘を呼び起こすポイントになる可能性がある。フィリピンの歴代政権は例外なく憲法改正を重要なアジェンダとしてきたが、いずれも成功しなかった。外国投資を呼び込むために経済ナショナリスト的な条項（外国人の土地所有禁止など）の撤廃や大統領制から議院内閣制への変更などいくつかの論点があるが、憲法改正は大統領の再選禁止規定の撤廃といった権力者の権力拡大につながるのではないかという懸念が強く、改正の動きは常に挫折している。

こうした調整問題を解消する市民の間で共有された抵抗の起点になるポイントが、公式、非公式の制度として設定されていれば、その民主主義体制は安定する。強靭な民主主義体制の条件なのである。

もちろん、憲法の保障に限らず、誰から見ても、社会の諸集団が共同して立ち上がる起点が認識されていれば、同様の効果が期待できる。経済危機や深刻な汚職スキャンダルは、同様の効果を持ち、実際、東南アジアでの権力者に立ち向かう市民間の協力を可能にしたのは、こうした問題だった。

しかし、こうしたポイントを制度的に確立するのはそう簡単ではない。もっとも民主主義の安定に効果的な調整問題の解決策は、先に述べたように、憲法に調整問題解決の起点となるようなポイントを書き込むことである。しかし、フィリピンを除き、ほかの国々ではこれまで頻繁に憲法の書き換えがおこなわれてきている。タイでは立憲革命による一九三二年の憲法から絶えず新憲法の制定、憲法改正が繰り返され、二〇一七年憲法まで合わせて二九回の憲法の変更があった。シンガポールでは二〇一六年までに三九回、マレーシアでは二〇〇五年までに五〇回の改正が実施された。インドネシアは、権威主義体制期には憲法の変更はなかったが、一九九八年の民主化以降、四回の改正を経験している。[25] このような状況では、調整問題解決の起点となるポイントを確立するのが難しい。

さらに、社会の分断が深まれば深まるほど、そもそも異なる集団間の利害の違いが大きくなり、調整問題の解消が難しくなる。民族集団、社会階層、地域、宗教など、社会的亀裂が深く、ともすれば容易に分極化しやすい東南アジアでは、ことさら問題が深刻である。

タクシン政権下でのタイでは社会が深く分断していたため、それまで頻繁に軍事クーデタを経験していたという事情を差し引いても、二〇〇六年、二〇一四年のクーデタに対して市民がこぞって抵抗することにはならなかった。都市中間層は、民主主義の価値をとりあえず横に置いて、タクシン系権力者の排除という自らの党派的利益を優先したのである。これは、権力者による権威主義化ではなく、権力者に対するクーデタではあるため、状況が異なるが、調整問題の解消が難しいことが如実にみられる現象である。[26]

また、民主主義が徐々に侵食されるようなプロセスをたどるのであれば、人々が協力して抵抗行動を起こす目安となるポイントに手をつけることは注意深く回避される。社会の亀裂が根深く、政治的な分極化が進んでいるところで民主主義の漸進的な侵食が起こるのは、そもそも調整問題の解決が難しいうえに、抵抗行動を引き起こすポイントに権力者が手を触れたのかどうかがあいまいになるからでもある。

三　選択民の拡大、勝利提携の変更

民主主義が深まるにつれて民主主義の均衡が壊れる。一見逆説的だが、東南アジアのいくつかの事例はこうしたパターンを示している。民主主義の深化とともに主要な政治勢力間の力のバランスが変化し、その変化のなかで不利になった政治勢力が制度から離脱しようとするのである。二〇〇一年のフィリピンでのエストラーダ政権崩壊や、二〇〇六年以降のタクシンおよびタクシン系政党をめぐる社会階層間の対立は、こうしたパターンの代表例である。これについては「選択民理論（the selectorate theory）」と呼ばれる権力基盤に関する理論と、都市農村間の亀裂と政策偏重に関わる理論が説得的な説明を示してくれる。

民主主義か権威主義かという政治体制の分類があることを第1章で説明した。しかし、この二分的な類型（実際にはその違いは連続的に理解されるが）とは別に、政治体制の違いを、権力者を選ぶ人々や権力者を支える支持層の規模の違いで理解しようとするのが選択民理論である。[27]

選択民理論では、一国の国民が三つの集合に分類される。もっとも包括的なのが国民である。これは、その国のなかに居住する人々すべてを意味する。つぎに選択民（the selectorate）。これは国民のなかで、権力者を選ぶ実質的な権利を持っている人たちのことを指す。通常の民主主義であれば、いわゆる有権者すべてとなろう。一方、権威主義ではほとんどの人は権力者を選ぶ実質的な権利を持っていない。たとえば、政党中心の権威主義体制であればその権利は与党関係者に限定される。最後に勝利提携（the winning coalition）。これは権力者が権力を維持するためにその支持が必要な人たちの集合である。選択民のなかのさらに一部に限られる。民主主義では、与党や与党を支える社会集団（労働組合だったり、財界団体だったり）などで構成される。権威主義ではその規模はさらに小さくなり、軍幹部や与党幹部に限定される。

民主化はまず選択民の規模を大きくする。権威主義体制では、たとえ選挙がおこなわれているとしても、多くの人々に実質的に権力者を選ぶ機会は与えられない。誰が権力者になるかはすでに決められており、それが一般の人々には提示されるだけである。一方、民主化は自由な競争を可能にし、権力者を選択する余地を生み出す。

ただし、民主主義においても状況によっては選択民の規模が十分大きくなるとは限らない。クライエンテリズムが強い社会においては、人々はその垂直的な動員に組み込まれ、利益提供をするブローカー、さらには、その利益提供の資源をコントロールする地方有力者の指示に拘束される場合が多い。実質的に権力者を決める権利が不十分ということになる。選択民は地方有力者、せいぜいどのクライエンテリズムのグループに所属するかを決定することのできるブローカーに限定される。

このクライエンテリズムのくびきが解かれれば、人々は個々の判断で権力者の選択をすることが可能になる。個々人がより自由に投票できることになれば、多くの人々からの自発的な支持を獲得することが権力への道となる。これは、一人ひとりに民主主義が到達することであり、民主主義の深化といってもよいだろう。こうした変化は、勝利提携の規模の拡大にもつながる。権力が少数の有力者の談合に支えられる状況から、より多くの人々の支持を必要とするようになるからである。

民主主義の深化によって勝利提携が変わると、それまで勝利提携を構成してきた人たちと新たに勝利提携を構成する人たちの間で軋轢が生まれる。勝利提携の変更は、当然、勝利提携から外された人々が不満を持つことにつながる。将来的に勝利提携にふたたび加わる見込みがある、あるいは、勝利提携から外れてもそれほど利得が大きく下がるわけでなければ、民主主義への挑戦は起こらない。しかし、ある人々が勝利提携から永遠に外れる見込みがあり、また、勝利提携から外れることが大きな利得の低下を引き起こすのであれば、そうした人たちはそうした状況をもたらす制度に対して抵抗することになる。

民主化の初期段階では、民主化を担った勢力が勝利提携の中心に存在するだろう。たとえば、都市部での大規模な民主化運動によって民主化がもたらされれば、そこで中心的な役割を果たした都市中間層の支持が権力維持に大きく影響することは間違いない。一方、農村部は伝統的なパトロン・クライアント関係の延長で、クライエンテリズムの動員が強く効いている。こうした状況のもとでは、都市中間層と農村のクライエンテリズムに依存する地方有力者たちの間で競争が展開されよう。

しかし、地方有力者にコントロールされるクライエンテリズムの政治動員を飛び越して、所得の低い農村住民に利益を提供し、直接、動員することが可能となれば、権力者は勝利提携の構成を変えることができる。クライエンテリズムのつながりに沿って私的財を提供する代わりに、中間の有力者を介在させずに政府の政策として政府から私的財や公共財を提供することで、地方有力者への依存を減らすことができる。都市中間層に比べて農村の低所得者層の人口が大きければ、その支持を確保することで、たとえ都市中間層の支持を得なくても選挙に勝利することが可能である。

民主主義のもとでは、都市・農村の亀裂に限らず、さまざまな社会的亀裂を想定したうえで、選挙で勝利するための勝利提携を組むことが可能である。とくに社会経済的な構造変化によって社会の亀裂のあり方や政治動員の方法が変化すれば、権力獲得競争に新規に参入した者でも、新たな勝利提携を組むことで権力獲得が可能になる。その一方で、勝利提携から外れた人たちは反発することになる。とくにそうした人たちが、比較的豊富な資金を持っていたり、権力者がいる首都に居住していて効果的な街頭行動をおこなえたり、権力に十分脅威を与えるほどのその他の資源を持っているときには、新しい勝利提携を可能にした制度を覆そうとする可能性が高まる。これが民主主義の不安定化につながる。

勝利提携が民主主義の深化と社会経済的な変化のなかで大きく変わったことによって、東南アジアで発生した民主主義が不安定化した事例として、フィリピンのエストラーダ大統領をめぐる政変と、タイのタクシン首相に関連した一連の対立の激化をみてみよう。

四　指導者と街頭行動

エストラーダの退陣とタクシンの追放は、勝利提携から外れた都市中間層による制度外の行動によって引き起こされた事件である。民主主義が深まるにつれ、国政レベルの政治指導者による低所得者の直接的な動員が進み、低所得者層を含む新しい勝利提携が成立した。それはもう一方で、都市中間層と農村の低所得者との政治的な分断を進めた。そうしたなかで統治の質の低下を示す明確なシグナルとなる政治指導者の汚職スキャンダルが発生し、それが直接の引き金となって、選挙という制度内での競争ではなく、街頭行動によって強制的に政権を交代させようとする都市中間層の動きが生まれたのである。

追放された「貧困層のためのエラップ」

個人支配型の権威主義体制だったマルコス政権は、個別の利益分配を通じて軍幹部やクローニーと呼ばれる取り巻き（地方政治家、実業家）たちを勝利提携に取り込むことで維持された政権である。そして、民主化は、軍の若手将校、カトリック教会、都市中間層、反マルコスの政治家や経済エリートによって構成される勝利提携が成立することでもたらされた。ただし、民主化後は、十分な見返りがないとの不満から、支持を撤回して離脱する集団がいくつもみられるようになり、政権は弱体化していった。

そうしたなか、一九九二年に実施された、民主化後最初の大統領選挙では、マルコス政権以前の勝利提携への回帰、すなわち、地方エリートがその中心となり、それぞれのクライエンテリズムのネットワークを通じた政治動員が重要になるかどうかが注目された。

結果は、アキノ政権期に国防長官としていくつものクーデタの試みを抑えた軍人のフィデル・ラモスが大統領に当選した。下院議長として下院多数派の支持を得ていたラモン・ミトラは、伝統的な地方エリートのネットワークを抑えていたとみられたが、惨敗した。地方のクライエンテリズムの動員は依然として地方選挙には有効だったが、大統領選挙には効かなかったのである。

地方政治家は自分の選挙には熱心ではある。しかし、政党の縛りが緩いため、大統領との関係では選挙後に連携を変更することが可能で、そこまで大統領選挙について自分の支持者たちの票をコントロールする必要はなかった。一九五〇年代、一九六〇年代の二大政党システムの時代でも、党籍変更は頻繁に起こったが、一九八六年の民主化以降は、さらに政党システムが流動的となっていた[28]。実際、有権者も国政選挙（大統領選挙のほか、副大統領、上院議員の選挙）ではクライエンテリズムの動員からは自由に投票していた。入国管理局の汚職撲滅で名をあげ、このときの大統領選挙でラモスと最後まで競った次点のミリアム・ディフェンサー・サンチャゴも、クライエンテリズムとは無縁であった。

一九九二年選挙でのミトラの敗北で明らかになったのは、地方エリートへの依存が国政での権力獲得に結びつかないということである。代わりに、直接、有権者、とくに人口の多数を占める低所得者層（多くは農村居住）からの支持を獲得することが重要になっていた。勝利提携の規模の拡大であり、構成員の変化である。これをより鮮明にしたのが、エストラーダが圧勝した一九九八年大統領選挙である。

エストラーダはマニラのミドルクラスの家庭出身であったが、大学を中退して映画俳優となり、数々の映画で「庶民の味方」としての役回りを演じ、国民的に大きな人気を博した俳優であった。映画に出演しながら、政治的なキャリアとしてはマニラ首都圏内のひとつの町の町長を皮切りに、民主化後は上院議員、副大統領と順調に権力の階段を登っていった。

一九九八年の大統領選挙に際し、現職のラモス大統領は下院議長として政権の政策の立法化に協力してきたホセ・デ・ベネシア下院議長を推し、政府と政党の資源を選挙運動に利用したが、エストラーダに対する低所得者層からの支持に対抗することはできなかった。

図3－2は、フィリピンの世論調査会社ソーシャル・ウェザー・ステーションズ（SWS）が投票日当日に実施した出口調査の結果である。フィリピンの世論調査では社会階層を富裕層・中間層（A、B、Cとする）、低所得者層（D）、最貧層（E）と区分するのが一般的で、当時の各社会階層の人口に占める割合はそれぞれ八％、七一％、二一％となっている。もっとも多いのは低所得者層だが、エストラーダはこの層とさらに所得の低い層で圧倒的な支持を獲得し、全体でも三九％ほどの票を得た。

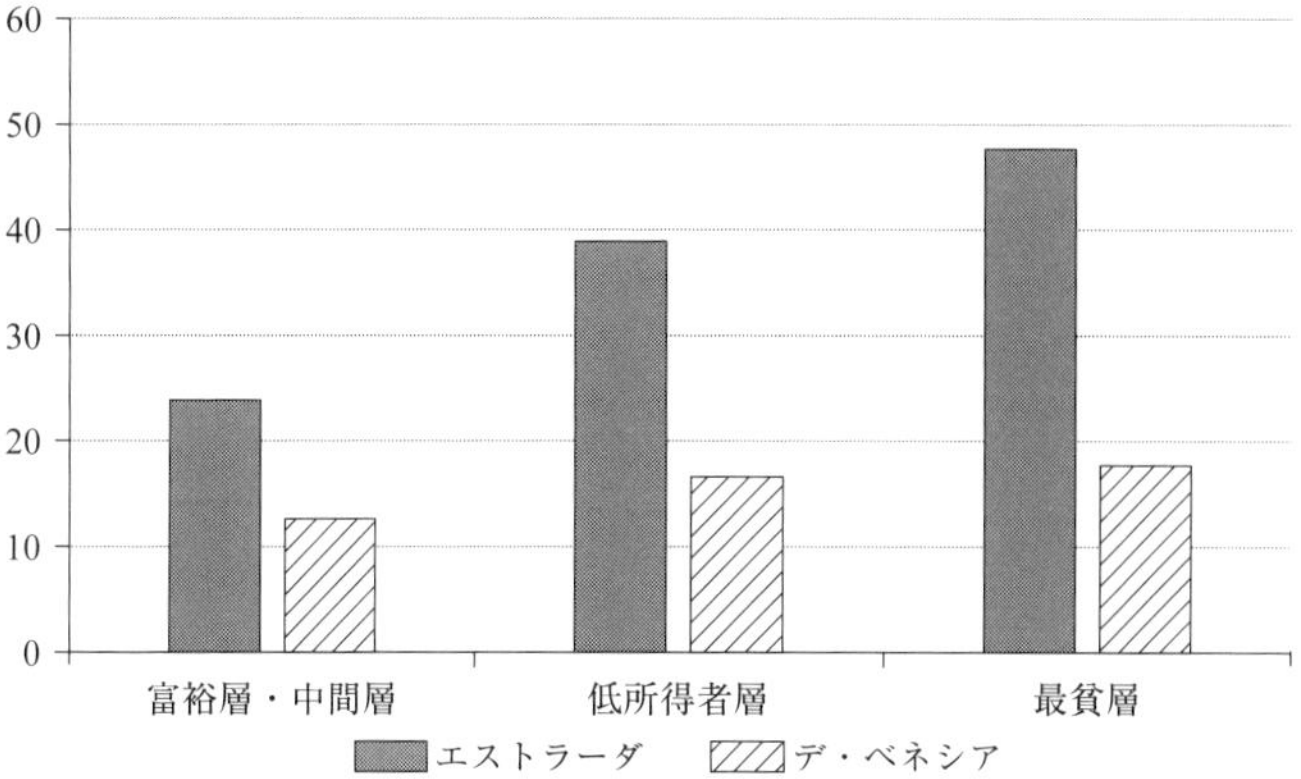

図3－2　1998年大統領選挙における社会階層別の支持割合（%）
（出口調査結果）

出所：Social Weather Stations, Exit Poll Results. N＝4,842.

二位のデ・ベネシアに二二ポイント以上の差をつけている。

デ・ベネシアが、与党のネットワークとラモス大統領の後押しによる政府機構の資源を用いたテコ入れがあったにもかかわらず敗北したのは、ラモス当選のとき以上に、大統領選挙にとってクライエンテリズムの動員が無力化した証拠である。相対的に所得の低い層の自律的な投票行動が全国レベルの政治的競争での選択民の拡大を生み、その多数を取り込むことで、新しい勝利提携を構成することが可能になったのである。「貧困層のためのエラップ（エストラーダの愛称）」を看板に、エリートや都市中間層に対して長年にわたって蓄積されてきた低所得者層の反発が顕在化する場を与えたことが勝利の決定要因となった。

権力を握ったエストラーダ大統領は、貧困世帯への直接的な現金給付や農業部門への財政支援など、低所得者層、農村部の優遇を進めたが、選挙前年の一九九七年に起こったアジア通貨危機の影響もあって、財政赤字が拡大していた。さらに、自身と親密な関係にある実業家や政治家にさまざまな利権を分配し、マルコスばりのクローニズムの復活を印象づけた。政権発足時から都市中間層やクローニーではない社会経済エリートはエストラーダ政権に対し不満を募らせていたが、インサイダー取引のもみ消しや違法賭博からの献金受領などつぎつぎといくつもの汚職スキャンダルが発覚し、これが引き金となって都市部を中心とした辞任要求運動が高まっていった。そして、二〇〇〇年には大統領弾劾裁判が正式に開始された。弾劾裁判が進むなかで疑惑がさらに深まり、フィリピンの統治に対する信頼は大きく損なわれた。経済的な影響も大きく、通貨ペソが一気に一〇％近く急落し、株価も大きく下がって経済危機の懸念が高まった。

ここで、都市のエリート、中間層を中心とした街頭行動が本格化していく。上院で進められていた弾劾裁判の行き詰まりをきっかけに、マニラ首都圏の主要幹線道路での大規模な辞任要求集会[29]、二人の元大統領やカトリック教会指導者の辞任要求運動への参加、閣僚の辞任、国軍幹部の支持撤回などが矢継ぎ早に起こり、エストラーダ大統領は任期途中で政権の座を自ら降りた。

この一連の動きは、それまでクライエンテリズムによって隠されていた社会階層間の対立が顕在化したものである。低所得者層が民主主義のなかで自らの選好を表明できるようになったことで選択民が拡大し、それゆえに新しい勝利提携が可能になった。この勝利提携の変化が主要な政治勢力の利得バランスを変え、制度がその調整を十分に果たせなかったことで、制度からの離脱が生まれたと理解できる。

そもそもマルコス権威主義体制のもとでは、政策の都市偏重が大きくみられた。これはフィリピンに限らず、権威主義体制一般にみられる傾向である[30]。都市は権力の座する場であり、都市住民の支持が権力に維持に不可欠というのがその理由である。フィリピンでも農業部門は保護されていなかったのに対し、製造業部門への保護が相対的に厚く、都市の所得増加と人口の流入が大きくみられた。ここで成長したのが都市中間層である。この都市と農村の関係が民主化後に逆転し、農業部門の保護が大きくなった[31]。民主化にともなう都市偏重から農村偏重への転換は、勝利提携の転換と密接に関わっている[32]。

その一方で、都市中間層の制度から逸脱した反乱によって政権が崩壊する可能性が依然として高ければ、民主化以然と同様に、都市中間層を勝利提携に組み込むことが権力維持に重要であることは変わらない。二つの社会階層の分断が大きくなればなるほど、双方を勝利提携に含めることが難しくなり、民主主義の安定が損なわれる。これが継続的に顕在化したのが、タイの事例である。

選択民の拡大と多数決型制度の導入

一九九二年の民主化、一九九七年の新憲法制定によって、タイはこれまで以上に政治参加が拡大した民主主義を経験することになった。これは選択民の拡大を意味した。そして、選択民の拡大は勝利提携の構成も変える。

もともと市民から遊離した軍人や官僚などのエリート内での権力闘争の色合いが強くみられたタイ

だったが、ビジネスエリートが政治に参入し競争しはじめてからは、政治は利権をめぐる争いに終始していた。軍出身のプレム首相引退後、一九八〇年代末からの政党政治家による政治的競争はその黄金期だったといえる。議会や選挙は一般市民に政治参加の場を提供することになったものの、利権を奪い合う政党政治家による金品の提供で市民の投票行動が統制される状況では、あくまでエリートたちが権力者を決定する選択民であり、そのエリートたちの不安定な合従連衡が政権を決める勝利提携となっていた。

一九九二年の民主化は、実質的な政治参加を拡大したことで、この選択民の規模を大きくしていった。知識人やそれと連携する都市中間層は、民主化後に生み出された参加の枠組みを通じて政策過程に直接参加するようになった。憲法起草議会、国家経済社会諮問委員会、地方レベルの開発評議会などである。もう一方で、地方分権改革が進み、地方自治がもたらされる。[33] これまでエリートたちの間で展開される競争と距離をとり、エリートが決める選択にそのまま従っていた人々が、自らの政策選好を民主主義の枠組みによって実現する可能性が拡大したのである。

こうした選択民の拡大とともに、一九九七年憲法によってもたらされた多数決型の政治制度は、人々が選挙で自らの意思によって投票することで、政府の政策に影響を与える可能性を高めた。従来の中選挙区・連記制の選挙制度のもとでは、人々の政治的支持は、せいぜい地方レベルの有力者どうしの力関係に影響を与える程度の意味しかなかった。政権は常に連立であり、その連立の組み方は選挙の後に事後的に変化しうるので、個々の票と首相の選択の関係は非常に弱かった。

しかし、小選挙区比例代表並立制が導入され、首相の立場が強化されると、政党の数が減少するとともに、政党の規律が強まった[34]。有力な政党の党首が首相の候補となることが明確になり、どの政党を支持するかが首相の選択に直結するようになった。これが、投票のインセンティブとなった。

ここで登場したのがタクシンである[35]。もともと警察官僚だったが、ビジネスに転身し、タイでもっとも成功した実業家のひとりとして巨額の財をなしていた。さらに一九九二年の民主化以降には外務大臣につくなど、政治家としてのキャリアを歩むようになった。そして、二〇〇一年の下院選挙で自らが党首として率いるタイ愛国党を圧勝させ、首相の座についた。一九九七年の通貨危機のダメージが残るタイにおいて、タクシンは、農民負債の返済猶予、村落基金設立、健康保険の拡充など、とくに農民を中心とした低所得者層への支援策を公約として掲げ、政権の座についてから実際にそれを実行していった。

こうした政策により、タクシンは農民たちに伝統的なクライエンテリズムの属人的ネットワークに依存して利益を得るのではなく、選挙を通じて農村を重視する政権を成立させることで、自分たちの利益を獲得できることを気づかせた。それは自らの勝利提携の中心に農民を組み込むことになった。

人口規模がもっとも大きい低所得者層からの支持を受けることは権力獲得を確実にする。タイ愛国党は、二〇〇五年下院選挙で議席の四分の三を獲得した。また、小選挙区制に比重が大きい選挙制度は、とくに大政党にとって得票以上に議席を伸ばす効果を持っていたことも大きい。議会で他を圧倒する勢力の大きさは、タクシンの権力独占につながっていった。

黄色シャツと赤シャツの対決

タクシンへの権力集中が強まるなかで、少なくともタクシンの政権掌握以前には、政治に参加していた知識人・都市中間層は、勝利提携に加わることができず、政治参加の機会を減らされていく。タクシンの政権運営はCEO的であるといわれ、タクシンの決定に従って政策が実施されていくトップダウンのやり方だった。タクシンと近い側近が重視され、独立機関として設置されている国家汚職防止取締委員会や選挙管理委員会に首相に近い人々が据えられた。また、マスメディアに介入し批判勢力を封じ込めようとした。そして、勝利提携から外された都市中間層は不満を徐々に蓄積していった。

都市中間層の不満が具体的な行動に結びつくきっかけになったのは、二〇〇六年一月に発表された株式売却問題である。タクシン一族は、保有する通信関連企業シン・コーポレーションの株式すべてをシンガポールの政府系投資会社テマセック・ホールディングスに売却したが、これは七三三億バーツ(当時のレートで約二二〇〇億円)という東南アジアの通信関連企業の買収としては最大規模の取引だった。これに関連して、タクシンの税回避、外資規制逃れの行為が明らかになり、都市中間層を中心に組織された「民主主義人民連合」(PAD)の反タクシン運動が大きな盛り上がりをみせた。この後、PADは黄色をシンボルカラーとして、街頭での行動を展開していった。

タクシンは事態打開のために議会を解散し、総選挙を実施したが、野党のボイコット闘争により大きな混乱が生まれた。国王が野党不在の選挙の民主的正統性を否定する見解を示し、それを受けて最高裁判所は選挙無効と判断した。その後、まもなく軍事クーデタによってタクシンは追放される。民主主義の制度から逸脱した政権交代であったが、世論調査によると民主主義の主役を自認するバンコク市民の実に八割がクーデタを支持していた[36]。

この一連の動きは、タクシンのつくりあげた農民、低所得者層を中心とする勝利提携に対し、勝利提携から外れた都市中間層、王室、そして軍（非タクシン系）が、タクシンの巨大化する権力に対抗するために制度外の手段に訴えた結果とみることができよう。

タクシンは追放されたものの、依然として人口の多数を占める低所得者層からのタクシン派への支持は大きかった。民主的正統性を持たない軍支配は、まもなく戒厳令を解除し、クーデタの翌年、二〇〇七年に総選挙を実施する。しかし、選挙を実施すればタクシン系政党が勝利する。解党されたタイ愛国党の後継政党、人民の力党が選挙で第一党となり、ほかの五つの政党と組んで連立政権を組閣した。

これに対し、ふたたび反タクシンのＰＡＤが街頭行動をエスカレートさせ、複数の政府機関を占拠した。農民、都市低所得者層を中心として組織されたタクシン支持の「反独裁民主主義統一戦線」（ＵＤＤ）はこれと対峙し、両者が衝突する事件も発生する。ＵＤＤは赤をシンボルカラーとしていた。

こうした街頭での直接的な暴力的対立のなかで、憲法裁判所は、テレビの料理番組出演を憲法の首相副業禁止規定違反として、タクシン系の首相サマックを失職させた[37]。サマックの後を受けてタクシンの義弟ソムチャイが首相についたものの、ＰＡＤは即時退陣を要求し、国際空港を占拠した。こうしたなか、憲法裁判所は二〇〇七年選挙での選挙違反を理由に人民の力党の解党を命令し、ソムチャイを含む党幹部を政治活動から排除した。都市中間層は直接的な街頭抗議行動を繰り返し、司法は中立的な立場を離れ、明らかに党派的な態度を示した。制度に対する信頼は大きく損なわれた[37]。

タクシン系政権の退陣を受け、反タクシン系のアピシット政権が成立したが、こんどは、タクシン系のUDDが制度外の行動をおこなう番となった。二〇〇九年のASEANサミットの会場に乱入して会議を妨害し、二〇一〇年にはバンコク中心部で二カ月にわたる大規模な抗議行動をおこなった。暴力的な衝突で九〇人を超える死者と、一〇〇〇人以上の負傷者が出て、首都に黒煙立ち込める騒然とした事態が発生した[38]。

二〇一一年の憲法改正のもとで実施された選挙では、人民の力党の後継となるタイ貢献党が過半数を上回る議席を確保し、タクシンの妹インラックが首相に選出される。ふたたび選挙でタクシン派が権力を獲得したわけである。インラックはタクシン派の勝利提携を確実に固めるため、従来どおり、農民への資源配分を重視した。とくにインラック政権で導入された政策として注目されるのは籾米担保融資制度である。これは事実上、市場価格より高い価格でコメを買い上げる制度となった。インラックは農民の支持を背景にして、司法の権限を弱める憲法改正とタクシンの恩赦を認める法律の制定に取り組んだ。これがふたたび、勝利提携外の勢力の行動を誘発する。

二〇一四年になって、野党民主党の元幹事長に率いられた人民民主改革委員会（PDRC）が「バンコク封鎖」行動をしてインラック政権への大規模な抗議行動を展開し、暴力的な衝突が発生した。

インラックは議会を解散し総選挙を実施する決断をするが、ＰＤＲＣは暴力的にこの選挙を妨害し、選挙区の二割で選挙が実施できなかった。これに対抗するため、タクシン系のＵＤＤも大規模な集会を開催した。この総選挙に対し、憲法裁判所は反タクシン的な党派的行動をとる。選挙の無効を宣言するとともに、インラックのおこなった国家安全保障評議会議長更迭が憲法違反であると判断し、これによってインラックを首相の職から解くことになった。こうした混乱のなか、ふたたび軍事クーデタが発生し、軍政が敷かれることになったのである。[39]

一九九七年憲法制定による政党強化、首相の立場強化を目指した多数決型の政治制度の導入は、権力の集中を引き起こし、権力を掌握することで得られる利得を高めた。一方、選択民の拡大とともに、農民を勝利提携の中心に据えることが選挙での圧勝を可能にし、他方で、都市中間層はその勝利提携から外され、権力に関与することが難しくなった。首相への権力集中は王室にとっても脅威であり、人事に介入された軍も同様の立場に置かれた。黄色と赤というシンボルカラーはそれぞれの社会階層の属性認識を固め、分断を深めた。[40]その分断は、民主主義の制度によっては調整できない事態にまで発展し、民主主義の均衡が崩れた。

フィリピンとタイの事例は、勝利提携の変更とともに勝利提携から外れた人々が制度を逸脱して権力を奪取しようとする行為が、民主主義の均衡を破ることを明らかにする。社会の分断が深まり、妥協点が見いだせなくなればなるほど、その危険性は高まる。

第4章　選挙が支える権威主義

一　民主主義と権威主義のハイブリッド

中間政体としての競争的権威主義

第1章で述べたように、政治体制は政治制度の束である。さまざまな領域を統制する政治制度が集まり、全体として政治体制ができている。それは、権力者を選ぶ制度であったり、逆に権力者が社会を統治するための制度であったり、という具合に、国家と社会の間をつなぐ。現代において、その代表的な分類は、民主主義と権威主義の二分法である(1)。

ある政治体制が民主主義と分類されるためには、自由で公正な選挙、包括的な政治参加、市民的自由の保障の三つが満たされていることが重要だというのが本書の立場だが、これに対し、権威主義には積極的な定義はなく、民主主義でない政治体制と理解されている。すなわち、民主主義が備えるべき三つが欠けていれば権威主義と考えられるわけである。

さて、民主主義と権威主義の二分法が政治体制の分類と述べたが、これに対してはすぐ疑問が湧くだろう。民主主義と権威主義の境はそれほど明確なのか、という疑問である。民主主義に分類される国々のなかでも民主主義としての条件がすべて備わっているとみられる国があれば、野党が不利な立場に置かれたり、報道機関への圧力があったり、部分的に選挙不正があるという国もある。

一方、権威主義とみられる国々においても、選挙が実施されなかったり、野党の存在が認められなかったり、報道は権力者の完全な統制のもとに置かれているような国から、選挙自体は公正に実施され、野党もある程度自由に参加できるような国まである。民主主義も権威主義もそれぞれ多様であり、民主主義と権威主義のどちらとも判断しにくい事例も珍しくない。

実際のところ、民主主義と権威主義の大きな分類があっても、その二つは分断された類型ではなく、連続的な程度の違いがあると理解されるのが一般的である。政治体制の分類に関するデータセットでも、ポリティ[2]やV‐Dem[3]といった代表的なデータセットは、連続的な指標で各国の政治体制の分類をおこなっている[4]。

図4‐1は、V‐Demのデータから、政治体制別に国の数の推移を表したものである。V‐Demはもっとも独裁的な体制からもっとも民主的な体制まで四つの類型で分類している。権威主義の度合いがもっとも強い閉鎖的権威主義、選挙を実施しながらも権威主義的な選挙権威主義、選挙を実施して民主主義の度合いが高いものの自由民主主義の度合いがそこまで高くない選挙民主主義、そして、

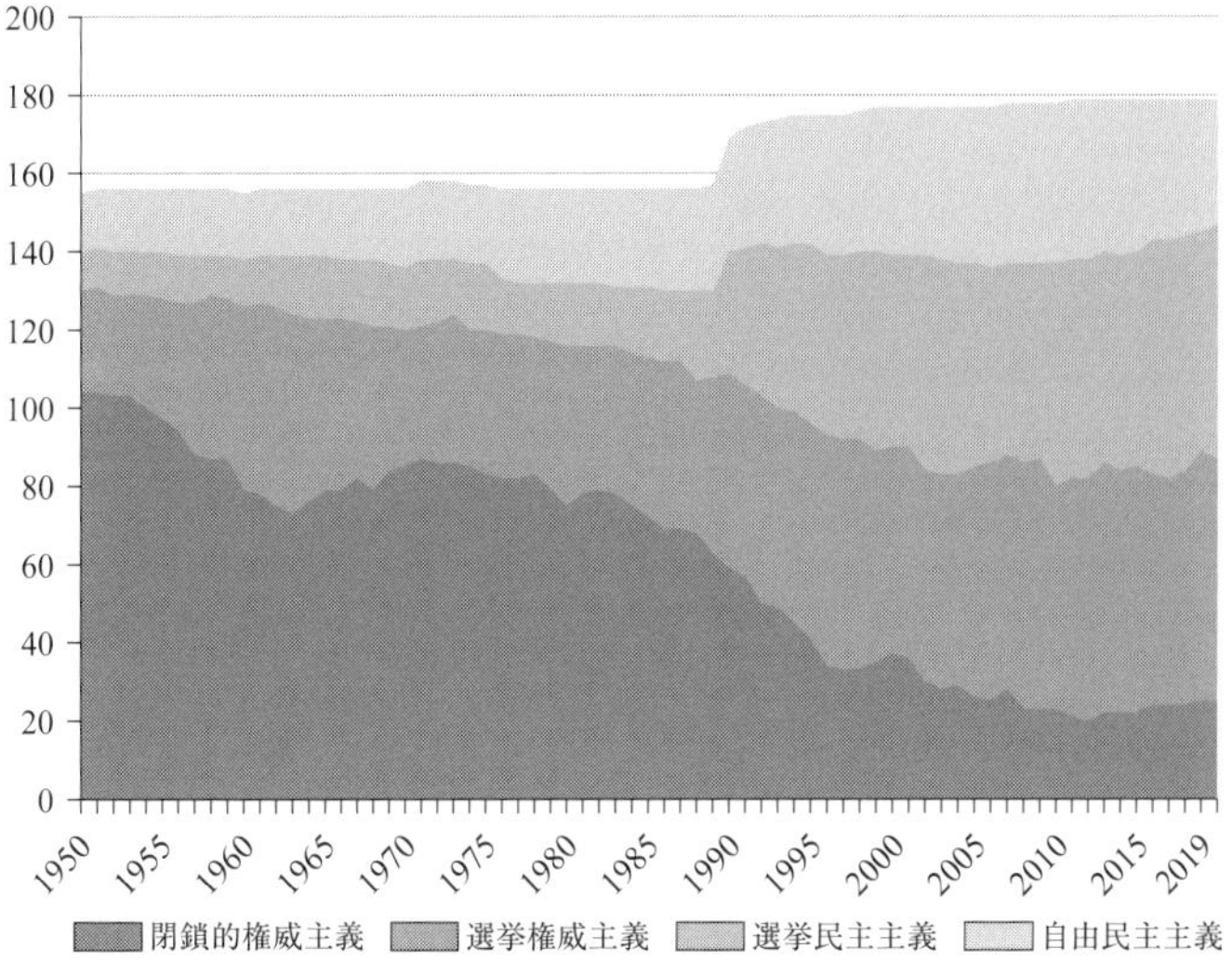

図4－1　政治体制別にみた国の数の推移（V-Dem）

出所：Coppedge et al.（2021）から筆者作成。

いずれの指標からみても民主主義的な自由民主主義の四つである。[5]

この図でみると、一九八〇年代後半から自由民主主義、選挙民主主義の増加、閉鎖的権威主義の減少とともに、選挙権威主義が増加していることがわかる。二〇二〇年時点で、三四・六％がこの選挙権威主義に入る。

選挙権威主義という中間的な政治体制は、権威主義的な特徴、すなわち、権力者が市民の自由な意思にもとづいて選ばれていないといった問題を抱える一方で、民主主義的な特徴も持っている。つまり、定期的に選挙がおこなわれ、そこには野党も参加し、議会が運営されている。

こうした二つの異なるタイプの特徴をあわせ持つ政治体制、つまり、ハイブリッドな政治体制は、V－Demが使用する選挙権威主義という呼称のほか、[6]非自由主義的民主主義、[7]競争的権威主義[8]などと呼ばれている。用語によってその注目する点が異なるが、本書では、競争的権威主義という用語を使ってこのハイブリッドな政治体制を扱う。それは、権威主義の性格が強いながらも民主主義的な制度を運用し、一定程度の多元性、つまり、野党の政治競争への参加を認めている点に注目するためである。

競争的権威主義は、単に民主主義と権威主義の特徴が併存しているだけではない。民主主義の制度が権威主義の権力者の立場を支え、権威主義を強靭化させる効果を持っていることが重要なのである。この民主主義の制度を利用した権威主義の維持は、洗練された権威主義の生き残り戦略であり、権力の維持にもっとも効果的とみられている。長期にわたって維持されてきた東南アジアの二つの権威主義体制（マレーシア、シンガポール）は、その特徴を顕著に持っている。

競争的権威主義の強さ

民主主義の制度が権威主義の維持に利用されている、と述べたが、それは選挙や議会を統治の重要な仕組みとして組み込んだ権威主義のタイプが、そうした制度を活用しないタイプよりも生存する見込みが高くなるという実証的なデータによって裏づけられている。

民主主義と同様、あるいはそれ以上に、さまざまなタイプを内包している権威主義を、より細かく分類する方法として、権力の主体のタイプに沿って類型化するのが有力である。すでに第2章で触れたが、まず権力主体が集団か個人かという分類を考え、さらに、集団の分類のなかで軍か政党かという違いにもとづいて分類する[9]。すなわち、軍支配、政党支配、個人支配という分類である。なお、この三つの支配類型は完全に分離しているわけではなく、政党支配と個人支配が融合するなどの形態もある。あるいは、時間の経過とともに軍支配や政党支配が個人支配に変容することもある。

この三つの支配類型は、権力を担う主体のタイプにもとづいた分類であるものの、単に権力主体が異なるということでなく、その主体のタイプによって、権力維持のメカニズムが異なっている。

まず、軍支配の基礎は暴力である。暴力を使用した抑圧、あるいは実際に使用しなくともその脅威があることで権力への抵抗を抑える。また、軍の指揮命令系統にもとづく規律づけが権力を支えている点も重要である。簡単にいえば、上官の命令に対する部下の服従である。

一方、政党支配は政党を通じた公職の割り当て、政府資源の分配によって人々を動員する。つまり、一つの政党が政府機構の資源を独占的にコントロールしていることが権力の基礎となっている。

この二つのタイプに対し、個人支配は、政党支配と同様に資源の配分に依存するが、決定的に異なる点は、そうした資源が権力者との個人的関係に沿って分配されることである。個人を中心としたパトロネージ、つまり、権力者個人が、軍、政党、官僚、企業（実業家）など政権を支える人々、集団に対し昇進、予算、許認可を通じた便宜を図り、忠誠を獲得する。

この三つの類型のなかで統計的にみてもっとも長く継続する傾向を持っているのが政党支配である。エリカ・フランツによると、一九四五年から二〇一四年の間に存在した権威主義のうち、軍支配の平均寿命は七年、政党支配は二六年、そして個人支配は一一年となっている[10]。それはかなり大きな差といえるだろう。政党支配の権威主義の代表格は中国やベトナムなどのような共産党一党独裁である。一方で、こうした一党支配が制度化された体制と並んで、民主主義制度が導入された競争的権威主義も長く生存する。ここから、民主主義制度が権威主義の維持に貢献していると考えるのは自然な推論である。なお、競争的権威主義は、三つの類型のうちとくに政党支配型に顕著にみられるものでもある。では、そのメカニズムはどのように説明されるだろうか。

権威主義体制が崩壊する原因として、内的な分裂と外的な圧力の二つが考えられる。内的な分裂としては、権力集団内の派閥、あるいは権力を支えるエリート（軍だったり政党幹部だったり）が、集団を割って政権を崩壊させることを意味する。外的な圧力としては、野党や市民が蜂起して権力者の退陣を迫るといったパターンが代表的である。

これまでの事例では、内部の分裂による政権崩壊が圧倒的に多く、これもフランツによると、一九五〇年から二〇一二年までの期間で実に六五％がそうしたパターンで占められている[11]。多くの権威主義の崩壊のパターンをみれば、権力集団内の派閥対立を統制する、あるいは権力を支えるエリートの離反を防ぐことが、権力維持にとって重要な意味を持つことが明らかである。政党や選挙、議会が、内部エリートの離反を防ぐ効果を持つため、政党支配は比較的長期的な政権となると考えられる[12]。

第3章で触れた選択民理論[13]の議論に沿って考えれば、権力者を選ぶ選択民集団には市民は含まれず、少数のエリートのみが選択民となり、さらには、勝利提携として権力者を支える。そして、このエリートたちによって構成される勝利提携が分裂したり、離反したりするのを防ぐのに、民主主義の制度を利用するのが効果的だということである。以下、この政党支配の権威主義、なかでもとくに競争的権威主義体制についてもう少し詳しくみてみよう。

二　政党、議会、選挙と権威主義体制

権力集団の凝集性を保ち、権力を支えるエリートたちの忠誠を維持するには、権力内にとどまっていることによって得られる利得のほうが、離反することで得られる利得よりも高いことを彼らに認識させる必要がある。これは自明なことではあるが、しかし、そのための工夫が必要である。離反を阻むものが何もなければ、権力集団内の派閥や個々のエリートが、集団内の競争相手や自分より権力を持つ存在を排除して、自ら権力を独占したいと考えるだろう。あるいは、野党や市民の抵抗が強くなって体制崩壊の見込みが高まると、権力集団にしがみつくことで、将来、体制崩壊したときに新たな権力者から制裁を受けるリスクがあると感じるようであれば、それも離反のインセンティブを高める。つまり、権力者にとって、自分の権力を支えるエリートの裏切りの可能性は、常に脅威として存在している。

離反を阻むアメとムチ

政党は資源分配を組織的かつ効率的におこなう役割を担う。とくに権威主義体制が成立する以前から組織化されていて、権力闘争を経験したのちに一党支配を確立した政党は、組織化の度合いが高く、その機能を十分備えている[14]。そうした政党では、資源の配分や政党内での地位の向上も上位に位置する党の幹部の意思によって決定されるので、エリートの党指導部への忠誠を確保することが可能になる。くわえて、政党はエリートたちの協力の枠組みを提供する。エリートどうしが政党組織を通じて権力維持のための調整をおこなうのである[15]。調整が政党組織というかたちで制度化されることにより、調整の安定が確保される。調整が安定化することでエリート間の競争激化が防げる。

さらに選挙が定期的に実施されることは、党指導部のコントロールを定期的に強化する役割を果たす。党指導部が誰を公認するか、さらにはどのポストに立候補させるかを決めることで、党員の権力へのアクセスの度合いを決める機会が党指導部に与えられる。いいかえれば、選挙を通じて権力へのアクセスが決まる仕組みがあり、その選挙で勝ち残るのに政党の支持が不可欠であれば、選挙のたびに党指導部の統制が更新され強くなるわけである。この選挙とセットになるのが議会や地方政府選挙職の存在である。こうした公職につくことが権力に参画する機会を得ることになるので、忠誠を強化する道具として使える。権力の内と外がここにつくられている。

権力へのアクセスを操作することで、エリートの忠誠を獲得しようとする戦略は取り込み（co-optation）と呼ばれる。民主主義制度がこの取り込みを可能にしていることで、権威主義が維持、強化される。[16]

取り込みが「アメとムチ」の「アメ」とすれば、民主主義制度は排除という「ムチ」も同時に用意している。この「ムチ」をよく効かせるために、政党支配の権威主義体制で、与党は圧倒的に優位な状況を手放そうとしない。

権力を取るだけであれば、大統領選挙で単純にほかの候補より多く得票すればよいし、議会選挙で過半数の議席を獲得するだけで十分である。しかし、権威主義体制における支配政党は、単なる過半数達成に満足することなく、圧倒的な多数（少なくとも議会では議席の三分二以上の獲得）を確保することに腐心する。そのために選挙区割りを自党に有利に設定し（ゲリマンダリング）、少数政党に不利な選挙システムを採用し、さらには、票の買収や有権者名簿の操作から集計操作にまで手を染めることも珍しくない。

圧倒的な多数を取ることには二つの効果がある。ひとつは憲法を単独で改正できるということである。自らを縛る法を自らの手で変えられるということは、法の支配を超越することである。もうひとつの効果は、与党が圧倒的に強いことで、エリートのなかの反乱分子が与党を割って下野したとたん、選挙に勝つ見込みが大幅に低下し、権力アクセスの可能性がなくなることである。これが「ムチ」である。

与党が圧倒的に強ければ、離反して新しい政党をつくる、あるいは野党と合流して政権を取ることのリスクはかなり大きくなる。それは与党が選挙に勝利する機会を独占しているからである。それでも離反するグループの規模が大きければ権力を手に入れる見込みが立つだろうが、離反する派閥はその内部において深刻な調整問題に悩まされる。つまり、大規模な離反を可能にするには多くの人々が協力して党を割るという行動が必要だが、その規模が大きければ大きいほど、土壇場になって権力者側に寝返る者（つまりは、裏切りの裏切り）が出現する可能性が高まるのである。

党員にとって、自分は離反したものの、ほかの党員、派閥は離反しない、という結果がもっとも望ましくない。その場合、自分だけが権力から干され、一方、結果として踏みとどまったほうは権力を享受し続ける。そうしたシナリオの可能性があれば、結局、誰も離反に協力しない、という戦略の組み合わせが均衡になる。離反をめぐる囚人のジレンマである。与党支配が圧倒的に大きければ大きいほど離反することのリスクは高く、離反のために解決すべき調整問題は深刻化する。こうしたことから、圧倒的に優位な与党の立場は党員の離反を防げるというわけである。(17)

野党の調整問題

選挙、議会といった民主主義のもたらす調整問題の深刻化は、野党にも当てはまる。野党は、支配政党のお膳立てした選挙に参加すれば、きわめて小さい分け前であるものの、権力に関われる可能性がある。一つでも二つでも議席が獲得できれば、公的に自らの主張を表明する機会を得られるし、政策に何らかの影響を与えることができるかもしれない。さらには、その勢力をある程度拡大できれば、社会的な影響は大きくなる。

一方、もし選挙に参加しないボイコット戦略をとった場合、そうした機会さえなくなることになる。野党は選挙に参加するインセンティブを用意され、そこで参加した場合は、政党支配の権威主義に取り込まれることになるのである。

このような誘惑を前にして、野党どうしが協調を維持していくのは難しい。参加に魅力を感じる集団と取り込まれるのを避けようとする集団が生まれる。つまり、野党間で支配政党への対抗を協調しておこなうための調整問題が深まっていくのである、支配政党にとっては選挙を実施することが野党の協調を防ぎ、自らに対する外部からの脅威を取り除く効果を持っている。

くわえて、選挙を実施することによる情報収集も重要な意味を持つと指摘される。選挙がないところでは権力者は市民の政策に関する満足度や、下位の公職についている人々に対する評価を知ることができない。権力者が知らないうちに市民の不満が大きく溜まり、抵抗の素地が用意されることは、権力者にとっては望ましくないだろう。得票の業績や、一連の選挙過程の観察から、人々の候補者それぞれに対する満足、不満足に関する情報を得ることができる。さらに、党員の党に対する忠誠の度合いや能力についての情報も選挙の結果が教えてくれるところが大きい。

特定の地域や特定のセクターからの支持の多寡は、そうした地域・集団ごとの政治的な選好も明らかにする。選挙結果によって権力に服従しない市民たちがどこにいるかをあぶり出すことも可能になる。そうした市民には公共サービスの供給を止めるなど制裁を加えることもできる。市民に関するこうした情報を選挙が教えてくれるというわけである[18]。

三　東南アジアの政党支配型

マレーシアとシンガポールは、民主主義制度によって強化された権威主義の特徴を典型的に持つ事例である。シンガポールでは、独立した一九六五年以降、一貫して人民行動党（ＰＡＰ）の圧倒的な支配が継続し、それは二〇二二年現在でも変わらない。マレーシアは一九六九年の民族暴動を契機に、統一マレー国民組織（ＵＭＮＯ）を中心とした政党連合である国民戦線（ＢＮ）が権力を独占してきた。二〇一八年の総選挙で国民戦線が下野するまでの四九年間、この政治体制が継続してきたことになる。いずれも長期にわたる権威主義体制が続いてきた。

競争的権威主義という概念を提示したスティーブン・レビツキーとルーカン・ウェイの分類では、[19] マレーシアは競争的権威主義とされるものの、シンガポールはそれよりも強権的な政治体制として純粋な権威主義体制と分類されている。しかし、いずれも選挙制度を利用した政党支配の権威主義体制であることには違いがない。

国際的な比較でよく使われる三つのデータセットでもそうした位置づけがされている。Ｖ-Ｄｅｍでは、二カ国とも選挙権威主義と評価されている。ポリティでは、マレーシアは二〇〇八年から五年間および二〇一八以降でかろうじて民主主義と評価されているが、基本的にいずれも民主主義と独裁の中間に位置する政治体制とされる。[20] ホセ・アントニオ・シェイブらのデータセット（ＣＧＶ）でも、双方とも権威主義に分類されている。[21] こうしたことから、両国が長い間、民主主義でなかったことはほぼ合意されるところである。ただし、議会が存在し、定期的に選挙が実施され、安定的な政治秩序のもと経済成長を果たしたことで、その両国に居住する人々は必ずしも自国を権威主義と認識しているわけではないようである。[22]

アジア地域で横断的に世論調査を実施しているアジアン・バロメーター調査（ＡＢＳ）の調査によると、自国の政治体制が民主主義であるか否かについてたずねた質問に関しては、図４－２のような結果が出ている。「あなたから見て自国はどの程度民主主義ですか」という質問に、「完全な民主主義」「やや問題のある民主主義」「大きな問題のある民主主義」「民主主義ではない」「その他（無回答を含む）」の答えから選ぶものである。

自国を「完全な民主主義」「やや問題のある民主主義」と評価する割合は、この世論調査が実施された時点では民主主義と一般に評価されるフィリピン、インドネシアよりも、権威主義と評価されるマレーシア、シンガポールのほうが多い。[23] もちろん、一般に、権威主義体制では体制批判が許されないから世論調査でも悪い評価が示されず、結果として民主主義という評価が出てくることはある。しかし、この二つの国ではそこまで強制的な統制がされているわけではない。投票自体は自由だし、集計不正もなく、定期的に選挙が実施されており、そのことによって多くの国民は自国が民主主義のもとにあると考えている。民主主義制度を利用した権威主義体制は、軍事政権や個人独裁などの強面と

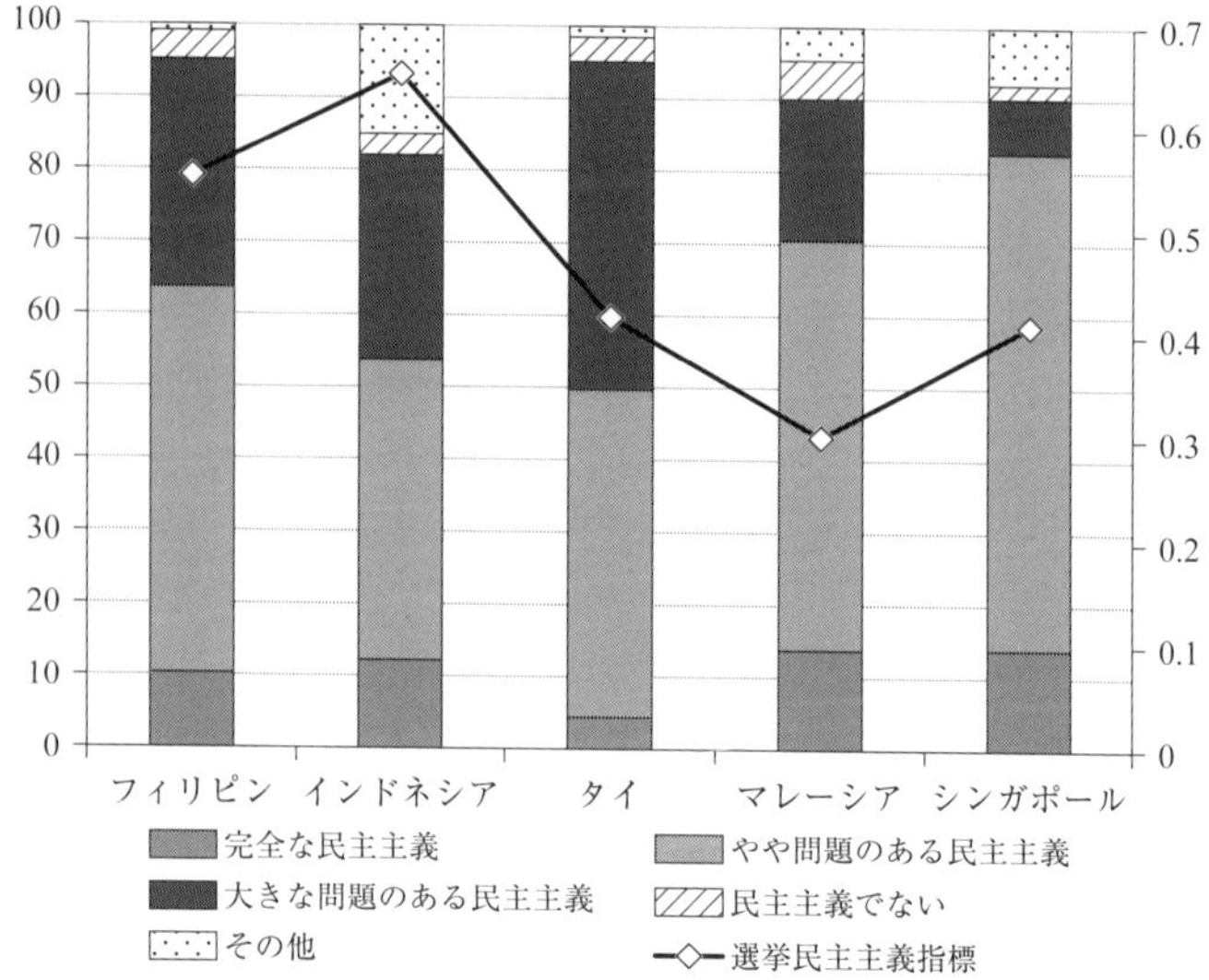

図 4－2　自国の民主主義の程度に関する評価と選挙民主主義指標

注：調査年はそれぞれ，フィリピン（2014 年），インドネシア（2016 年），タイ（2010 年），マレーシア（2014 年），シンガポール（2014–2015 年）。

出所：Asian Barometer Survey（2010–2012, 2014–2015）および Coppedge et al.（2021）から筆者作成。民主主義の程度に関する評価は左軸，選挙民主主義指標は右軸。

は異なり、マイルドな装いをしている。

二つの国で政党支配の権威主義を可能にした事情は、大きく分けて三つある。第一に、政党が独立を進めるプレーヤーであり、独立の過程で政党自身の組織化が進められたことである。個人独裁や軍政の長期化にともなって権威主義体制が成立した後に便宜的に政党がつくられたのではなく、独立前後の政治的な競争のなかで政党がつくられたことで、その組織化の度合いは高くなった。また、軍事的に独立が進められた国では、独立後に軍の役割が大きくなるが、マレーシア、シンガポールいずれもイギリスの植民地として、宗主国イギリスとの交渉のなかで独立・自治を勝ち取ったため、軍の優越的な立場は生まれなかった。

第二に、社会の亀裂（マレー系と華人の民族的亀裂）が深まり、それを契機とした政治的な対立、さらには暴動を経験したことである。この経験は政治秩序の維持を最優先させようとする意識を政治指導者たちに強く植えつけた。そして、政治秩序の維持には、主要な集団間の利益調整が不可欠であることが認識されたのである。こうした政治秩序の危機を経験するまでに、すでに政党の組織が確立され、政治競争の主要なプレーヤーになっていたため、政党が必然的に利益調整の機能を担うことになった。

第三に、旧宗主国イギリスの多数決型政治制度が植民地時代に導入され、独立後もそれを基本的に踏襲して両国の制度が構築されたことである。(24) 多数決型の政治制度は、多数派の勢力を実際の有権者の支持の度合い以上に大きく増幅する効果がある。

たとえば、多数決型の制度の主要な特徴のひとつである小選挙区制の選挙制度では、比較的多くの死票が発生し、与党と野党の間では、実際の得票率の差よりも議席占有率の差が大きくなる。さらにこれに議院内閣制が組み合わされることで、議会の多数派が執政府も掌握することになる。大統領制において生じる可能性のある大統領の所属政党と議会の多数派政党が異なる分割政府は議院内閣制では発生しえない。「勝者総取り」となるわけである。これは先述したように、与党の圧倒的な強さを実現するのに有利な制度的な枠組みである。

シンガポールは一九八〇年代以降、この多数決型の特徴をさらに強化した。一院制の議院内閣制に加え、選挙制度も後述するようなグループ代表選挙区を導入して、得票率と議席獲得率の乖離を拡大させた。マレーシアは、与党支持が多い農村部への議席の割り当てを増やし、与党に有利な選挙区割りを導入した。農村と都市の間で一票の格差が拡大し、シンガポールと同様に得票率と議席獲得数の乖離が大きくなった。

以下、こうした点に留意しながら、シンガポール、マレーシアの特徴をそれぞれみてみよう。

四　選挙システムとメリトクラシー

独立直後のシンガポールの置かれた状況はかなり厳しいものだった。水も自給できないこの小さな島のまわりには、「対決（Konfrontasi）」を経験して、お互いに必ずしも友好的でないマレーシアとインドネシアが存在し、国内では華人、マレー人といった民族間の亀裂が強く、さらに、多数派である華人のなかでも、英語で教育を受けたエリート層と華語教育を受けて労働運動を担っていた共産主義勢力の政治的な競争が激化していた。

こうした対立によって国の存続が危うい状況のなかで、政権を掌握したＰＡＰとその指導者リー・クアンユーは、多元的な競争によって権力者が決定され、政策が策定、実施されていく政治では危機を乗り越えられないと考えた。ＰＡＰが独占的に政策を決定・執行する政治によって危機を克服することを目指し、そのために議会議席の独占によってＰＡＰが権力を強固に支配し、ＰＡＰと政府の一体化を実現したのである。

社会の統制

ＰＡＰは、シンガポールの生き残り戦略として経済開発を掲げ、政府主導で外国資本を積極的に導入する政策を推進した。一方で、社会的な勢力として力のあった労働運動、学生運動、経済団体、メディアなどは、ＰＡＰ支配下の政府によって排除、統制されることとなる。

労働組合としては、政府が組織した全国労働組合評議会（ＮＴＵＣ）のみが存在することを許され、共産主義勢力が強かった南洋大学はシンガポール国立大学に併合された。経済的な影響力を持っていた中華総商会は自律性を奪われ、華語新聞の所有権は個人資本家から引き剝がされて、政府の管理に置かれた。政府系のシンガポール・プレス・ホールディング社に各紙が統合され、テレビも政府系のメディアコープ社を通じて支配された。このような多元性の抑圧、市民的自由への制限が、シンガポールを権威主義体制と評価する基礎にある[25]。

開発政策の推進と社会勢力の無力化を進めるとともに、ＰＡＰは、権力維持の戦略として当初は、治安維持法による反対派指導者たちの逮捕抑留などあからさまな抑圧をおこなった。しかし、時間がたつにつれてそうした抑圧は減少し、もっぱら選挙を有効に利用する戦略を中心に置くようになった。選挙で圧勝するためにＰＡＰが進めたのが、市民に対する公共サービスの提供（代表的な例が住宅開発庁〔HDB〕による住宅供給）と選挙システムの操作である。

公共サービスはアメであるが、ムチでもある。PAPへの支持が少なかった地域ではサービス提供が後回しにされる。たとえば、公営住宅に関する「住宅設備改善のための投票（voting for upgrading）」戦略のもと、PAPの候補者が支持されなかった地域では、住宅設備改善が後回しにされた。

選挙システムがもたらす一党支配

選挙で勝利するためにPAPは暴力的な脅迫、直接的な票の買収、票の集計操作などはおこなわない。代わりに選挙システムの設計・調整という巧妙な方法を用いている[26]。一院制議会で議院内閣制をとり、さらに国の規模が小さいため地方政府がなく、したがって地方選挙もないため、市民が選ぶのは国の議会議員のみである。当然、権力は議会と一体化した執政府に集中する。一九九一年の憲法改正で大統領も直接選挙の対象となったが、限定的な権限のみの儀礼的な存在でしかない[27]。

図4－3は、独立後最初の議会選挙（一九六八年）から直近の議会選挙（二〇二〇年）までのPAPの得票率、議席割合、そして非比例性指数[28]を示したものである。非比例性指数とは、得票率と議席割合の格差を指標化したもので、その数値が高ければ高いほど投票率の差に比べ議席割合の差が大きく増幅されていることを示す。一九六八年の最初の選挙はそれほどでもないが、一九七二年の第二回選挙以降は、PAPの得票率と議席獲得割合の乖離が激しい。とくに一九八〇年代の選挙ではその傾向が顕著である。

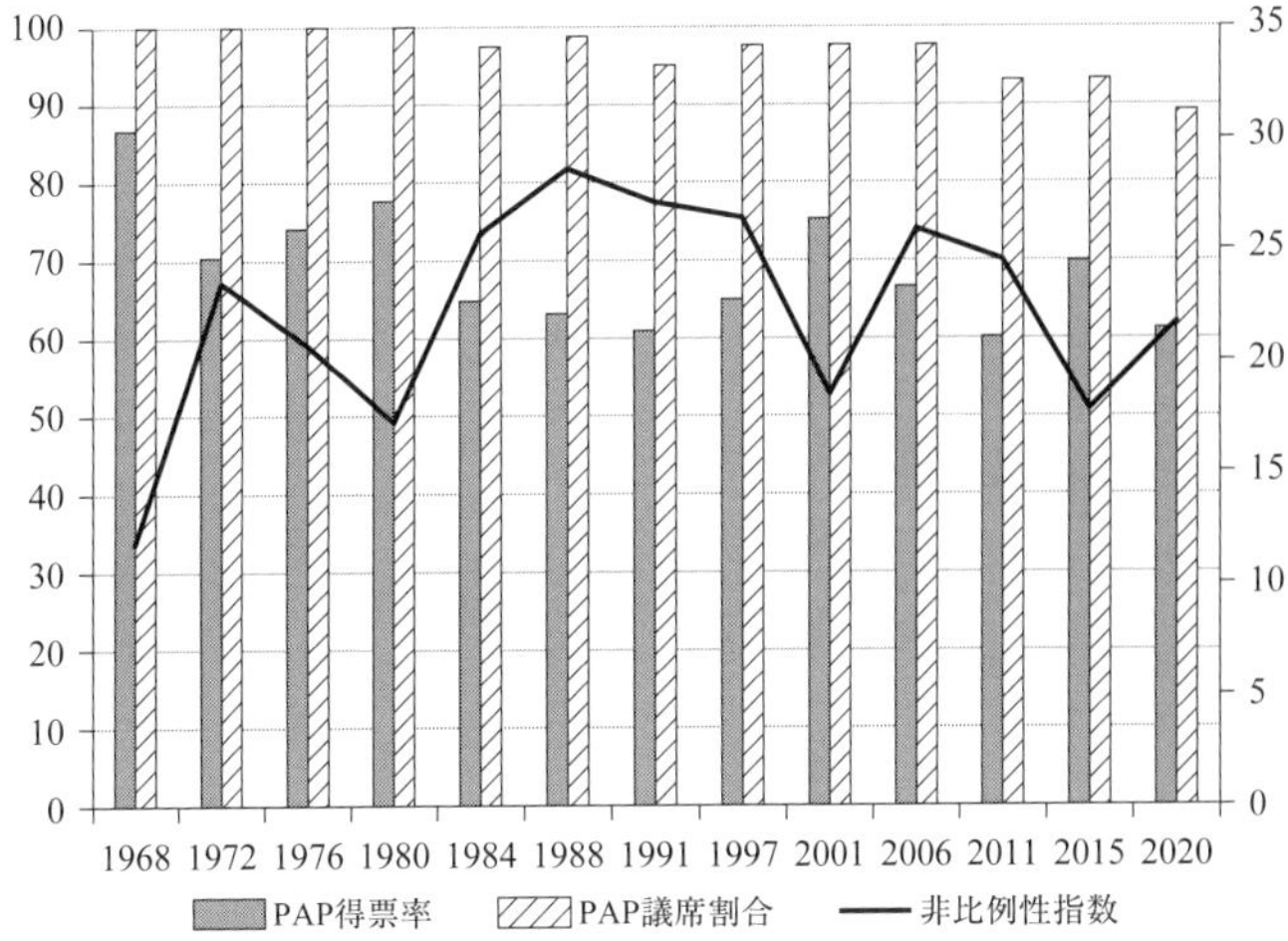

図4－3　シンガポールの議会総選挙結果（%）

出所：Singapore Elections Department のデータ（https://www.eld.gov.sg/elections_past_parliamentary.html）から筆者作成。投票率の計算には不戦勝選挙区を含めず。PAP 得票率と PAP 議席占有率は左軸，非比例性指数は右軸。

これが示唆するのは、市民の投票は比較的自由におこなわれているが、選挙システムによる議席を増幅させる効果のおかげでＰＡＰが圧倒的な多数を議会で獲得しているということである。つまり、票数を議席数に変換する方法がＰＡＰの権力を支えているということである。

ＰＡＰは一九八〇年の選挙まで議席を独占してきたが、一九八一年の補選（図に含まれていない）で野党に一議席を奪われ、一九八四年の総選挙では二議席を野党に取られることになった。わずかな議席数を奪われただけではあるが、独占状態が解消された状況に危機感を持ったＰＡＰは、それまですべて小選挙区だったところに、一九八八年の総選挙からグループ代表選挙区を導入し、得票率の低下が議席獲得に響かないような仕組みを導入した。その結果が一九八八年の高い非比例性指数として現れている。このときの選挙ではPAPの得票率が六三・二％だったのにもかかわらず、議席獲得割合は九八・八％にものぼっている。

グループ代表選挙区とは、一選挙区に三人から六人の議席を割り当て、その定数に応じた人数の候補者のリストが各政党から提示され、有権者は、どの政党のリストを選ぶか、というかたちで投票する。つまり、候補者個人に投票するのではなく、政党のリストに投票するということである。もっとも票数を集めた政党がその選挙区の議席をすべて獲得するため、小選挙区以上に多くの死票を生み出す。これは大きな政党に圧倒的に有利に働く。

さらに、そのリストに記載する候補者の選抜においては、少数派の民族集団（マレー人、タミル系インド人、その他少数派民族）から最低一人の候補者を含めなければならない。多数派である華人の権力独占を防ぐという名目であるが、実際には、野党にとって異なる民族集団から候補者を揃えるのは難しいことから、野党の候補者擁立にとって障害となっている。このグループ代表選挙区から選出される議員の割合は選挙ごとに多くなっており、二〇二〇年の総選挙では、選出された九三名の議員のうち七九名（八四・九％）の議員がグループ代表選挙区選出だった(29)。

くわえて、選挙のたびに投票日のおよそ三カ月前に選挙区割りの変更がおこなわれることも、野党にとっては不利な状況を生み出す。区割りを実施するのは選挙区検討委員会（ＥＢＲＣ）と呼ばれる首相府内に設置される委員会であり、政府の意向を強く受けて区割りが決定されているとみられる。区割り作業自体はＥＢＲＣの裁量に大きく委ねられている。投票所ごとの政党支持の傾向は事前にある程度把握されており、与党に有利な区割りを組むのは比較的容易である。これに対して、選挙区が確定してから候補者を揃え、選挙運動を実施するのは、野党にとっては大きな負担である。

業績の重視

「合法的」な選挙システムの利用、PAPと一体化した政府の公共サービスのパトロネージ的利用が、支配政党が運営する権威主義体制の柱となっているシンガポールだが、もうひとつ指摘すべき特徴は、政党の指導者となって権力を行使する政治エリートが、もっぱら能力によって選抜されている点である。政府は政府奨学金を用意し、優秀な学生を海外に留学させた後、政府に採用する。給与も高く優秀な人材を確保できるとともに、汚職への処罰も厳しいため、政府での汚職レベルはかなり低い(30)。

こうした人材のなかからPAPは議員候補者を選び、政治家、政党幹部としてのキャリアを歩ませる。PAPに所属していることが政治家にとって権力の唯一の源であり、当然、PAPから離脱することは、たとえ野党候補として個人的に議席を得ることができたとしても、権力から大きく外れることになる。凝集性の高い支配政党による権威主義体制が維持されるメカニズムが明確に観察される。

ただ、PAPの圧倒的な支配も、二〇一一年の総選挙以降、徐々にかげりを見せるようになった。野党が少しずつ議席を増やし、これまで小選挙区でしか勝てなかった野党がグループ代表選挙区でも勝利するようになったのである。

その原因としては、経済活動の進展とともに高まる外国人労働者への依存で、シンガポール国民の間に雇用に関する懸念が生まれていること、また、地下鉄の混雑や不具合など、公共サービスの質の低下が日常生活のなかで認識されるようになったことがあげられる。さらには経済成長が達成された後に生まれた新しい世代がより自由を求める価値を持つようになり、競争性のない政治に疑問を持つようになったことも指摘されている[31]。

しかし、ＰＡＰへの支持の低下は、いまのところ政権与党の交代をただちに現実化させるものではない。それは野党支持の投票行動が、ＰＡＰの権力独占が生み出す行政の緩みを正すために、議会で政府を監視する野党が存在するのが望ましい、つまり、野党に適度な圧力をかけてもらい、ＰＡＰが責任を持って行政を執行させることを主に期待しているためと理解される[32]。野党に政権を任せるまでの意識はみられない。

五　支配政党と権力分有

一院制の議院内閣制で、地方自治もなく、国土が小さくて農村部を持たないシンガポールでは、かなり純粋なかたちで支配政党と政府の融合が進んだ。選挙システムのデザインと政府資源の直接的分配が生み出す支配政党の選挙での圧倒的な強さに体制が支えられてきた。これと比較して、マレーシアは、もう少し、複雑なメカニズムによって支えられている競争的権威主義だった。とはいえ、政党と選挙システムの二つの制度的枠組みが権力を維持していくうえで核となる役割を果たしていたところは同じである。

エスニシティの政治

マレーシアの政治で特筆すべきは、すでに述べたように、民族集団が政治的競争の単位として重要な意味を持っていることである。それは単に民族意識の問題だけではなく、民族というアイデンティティの亀裂が、社会経済的な亀裂（社会階層）と重なり、利益調整をおこなううえで基礎となる社会集団となっている。

人口的には多数派で、主に農村に居住し、相対的に経済的劣位にあったマレー人と、少数派で主に都市に居住し、比較的所得レベルの高い華人という集団間のバランスは、当初、民族融和という枠のなかで達成されるはずであった。しかし、一九六九年の民族暴動はそうした利益調整のあり方を否定してしまった。

一九六九年の暴動以降、政治秩序を維持するためにマレーシアは大きく権威主義体制に舵をとる。とくに、一九八一年から二〇〇三年までの長期政権となったマハティール首相の統治期に、この傾向は強かった。そこではほかの権威主義体制と同様に、抑圧的な手段が用いられている。市民団体の統制、学生の政治活動禁止、労働組合の政治運動の制限、メディアの系列化と統制、集会の取り締まり、さらには司法への介入によって権力への監視を弱めた。こうした政策には、扇動法、国内治安維持法、国家機密法、印刷機・出版法、刑法、警察法などが用いられた。ひとことでいえば、市民的自由は制限され、民主主義の条件を欠いていた[33]。

もう一方で、取り込みもおこなわれた。マレー人に優先的な権利を与えていくマレー人優遇政策(「ブミプトラ政策」と呼ばれることが多い)の一環として政府の規制、保護が設定され、そうした政府の介入がレントとなり、政治的に忠誠を尽くす人々に配られた。マレーシア特有の民族集団を基礎としたレントの受益者は、もちろんマレー人であったが、マレー人の政治的優位や特権を認め、体制に協力することによって、華人もその経済的権益を維持することができた。その意味で、マレー人優遇政策は、マレー人の特権・政治的優位と華人の権益をお互いに認め合うそれぞれの民族集団内の穏健派の協力を支える枠組みとなったのである。こうした穏健派の協力が権力の中心を掌握することで、各民族集団の急進派は権力の外にはじかれる。急進派の台頭を抑えることで、民族間の対立を鎮静化し、政治秩序を安定化させた。

民族政党の権力分有

レントを核にした穏健派の協力は、三つの民族政党が中心となって与党連合を形成し、権力を分有することで権力を維持するというかたちで現れた。この権力分有がマレーシアの競争的権威主義における権力の核だった。そして、そこで選挙の果たす役割は大きかった。具体的には、それぞれ民族政党である統一マレー国民組織（UMNO）、マレーシア華人協会（MCA）、マレーシア・インド人会議（MIC）、そしてそこに複数の小政党を加え、一九七三年に国民戦線が結成され、この政党連合が選挙で圧勝する仕組みができあがったのである[34]。

マレーシアの権力維持においても、ほかの政党中心の権威主義体制と同様、与党連合の分裂がもっとも重大な脅威となる。実際、与党連合の中心にあるUMNOからの離反がこれまで何回か発生し、二〇一八年の政権交代では、元UMNOの幹部たちがこぞって離反したことが決定的な効果を持った。しかし、それでも政権交代が発生するまで一九六九年の権威主義体制へのシフトから四九年間も権力の独占が保たれたのは、与党連合からの離反を防ぐ、あるいは離反しても無力化される仕組みがあったからである。

ひとつには、与党連合が一九七四年の選挙から二〇〇四年の選挙まで、一貫して下院の三分の二以上を確保してきたことである。マレーシアは立憲君主制で二院制であるが、上院は権限が弱く、下院とその下院から選出される執政府（内閣）が権力を握っている。また、連邦制としているものの、州政府は連邦政府に対して大きな自律性を確保するほどの資源を持たず、さらに州より下のレベルの選挙は実施されていない。下院を制するものが権力を制する制度になっている。

小政党の生き残りが難しい小選挙区制と相まって、下院で多数を確保する大きな政党に属さなければ、権力に参画することができない。多数派の外にいるのであれば、かなり限定された政治的なキャリア、つまり、せいぜい野党議員として議席を得るか、州政府レベルで公職に就くことができるのみ

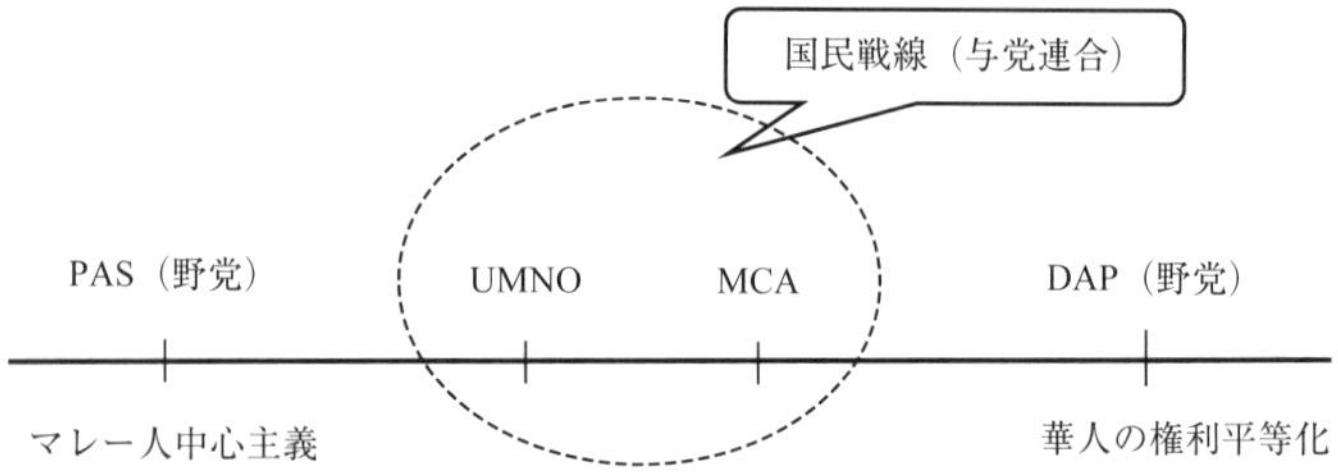

図 4－4　マレーシア与野党の政策位置
出所：筆者作成。

である。より多くの利益を得る、より大きな権力を得る、ということであれば、国民戦線に所属する以外になく、あえてすでに享受している権力を手放してまで国民戦線を割って出ることは通常、魅力的な行動ではなかった。[35] 圧倒的な議会占有率を考えれば、反乱分子内で解決すべき調整問題の程度は非常に大きく、離反の可能性が低くなる。[36]

さらに、「穏健派の権力分有が支える権力」というマレーシア特有の事情も重要である。それは、与党連合への帰属、与党連合からの離反、という選択が、他民族との権力分有に協力するか、もっぱら自民族の利益を求めるか、という違いにもとづくことである。つまり、民族間の関係について穏健的な立場が与党連合の基礎であり、自民族の権利を主張する急進派が野党となるという位置関係が存在していることの重要性である（図 4－4）。

この位置関係のなかでは、野党間の共闘は考えにくい。それはそれぞれが自民族の権利拡充を主張していることから明らかである。与党連合に対抗する広範な野党連合を組むことは考えられず、与党からの離反はもうひとつ小さな野党の出現で終わる可能性が高かった。

さらに、こうした状況では、各選挙区の有権者の民族別の割合が大きな意味を持つ。特定の民族集団が多いところではその民族集団に絞って支持を求めることが有効である。しかし、民族集団が混合しているところでは、複数の民族集団の利益に訴えかけることが有効になっていく。そこでは、異なる民族政党間での協力にもとづく与党連合が有利な選挙動員を進めることができる。たとえばマレー人が有権者の六割を占める選挙区なら、与党連合はマレー人の候補者を立てる。急進派である野党側は異民族が多数を占める選挙区では勝ち目がないため、この場合なら華人・インド人系の野党は候補者擁立を見送り、マレー人候補者間の競合になることが多い。そうなれば、四割の票は穏健派の与党候補に向かうことになる。

中村正志は、マレー人比率が二五％以上七五％未満の民族混合選挙区が一貫して多数を占め、そこでは与党が圧勝してきたことを示した[37]。こうした状況のもとでは、与党連合から離反者が出たとしても、その離反者が十分、票を集める見込みが低くなるのである[38]。これはマレー人政党UMNOだけではなく、与党連合に加わるなかで経済権益を確保する華人政党MCAも同様である。マレー人政党と組んでいるからこそ彼らにとっても動員できる票がある。このような政党システムの特徴が与党連合の選挙での強さ、議会での大きな議席占有率を支える理由のひとつとなっている。

選挙システムの効果

ここに、さらに選挙システムが与党連合の圧倒的な強さを生み出す条件として加わる。図4－5は独立後、一九五五年から直近の二〇一八年までの下院総選挙での与党連合の得票率と議席占有率を示

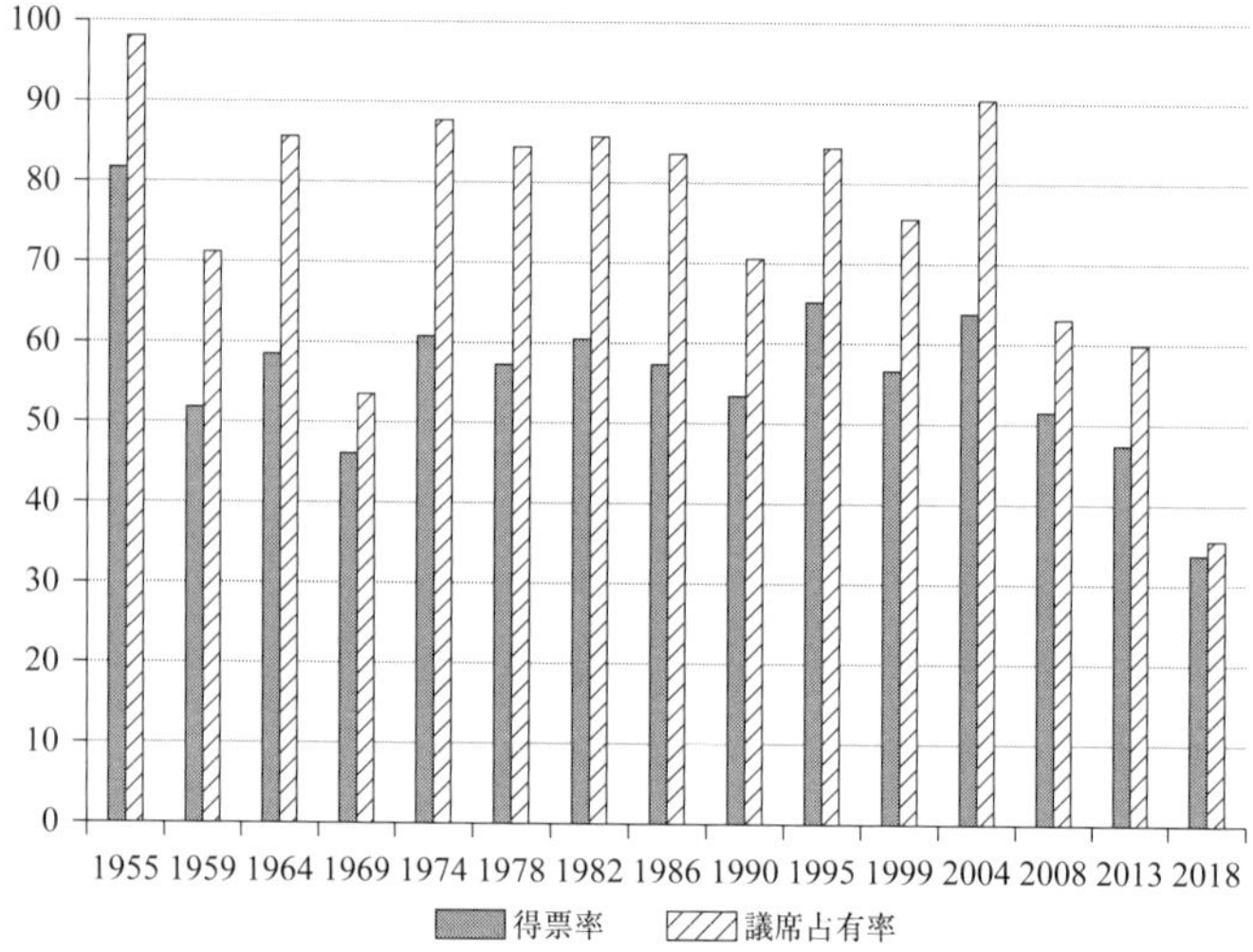

図 4－5　マレーシアの下院総選挙での与党連合得票率と議席占有率（%）

注：1955 年から 1969 年は連盟党，1974 年以降は国民戦線の数値。2018 年選挙では国民戦線は野党。

出所：1955 年から 1999 年までは Tan（2001），2004 年以降はアジア経済研究所編『アジア動向年報』各年版より筆者作成。

している。

マレーシアにおいても、シンガポールと同様に得票率と議席占有率の差が大きいことが一目瞭然である。民族暴動の後、国民戦線が与党の座にあった一九七四年から二〇一三年までの選挙において得票率の平均は五七・四％、議席占有率の平均は七八・五％で、その差は二一・一ポイントとなる。たとえば、その差がもっとも大きかった一九七八年総選挙では、シンガポールの記述で紹介した非比例性指数を計算してみると二二・五で、シンガポールの非比例性指数でもっとも高かった二八・六（一九八八年）に迫る勢いである。

得票率と議席占有率の差は、選挙システムが与党連合の勢力を実際の得票以上に増幅する効果を持っていたことを示している。政党システムのあり方と並んで、これが与党連合の三分の二以上の議席占有率を維持してきたもうひとつの原因である。議席占有率が得票率以上に大きくなる選挙システムの特徴として、小選挙区制とゲリマンダリング、そして議員定数の不均衡な割り当てがある。

マレーシアの場合は小選挙区制による死票が多かっただけではなく、小選挙区の区割りに際し、野党支持者が多数派を占めないように選挙区の境界を設定するなど、与党連合の候補が有利になるような選挙区割りをおこなっている。二〇〇〇年代前半・五四カ国の下院選挙区割りでのゲリマンダリング度合いを指標化したフェラン・マルティネス・イ・コマとイグナシオ・ラゴの研究によると[39]、マレーシアはアメリカに次いでその度合いが高い。一から五までのスケールでそのゲリマンダリングの度合いを測っているが、五四カ国の平均が二・五三であるのに対し、マレーシアは四・三五になっている（アメリカが四・六七）。

さらに、与党連合支持者の多い農村部に対し、野党支持者の多い都市部よりも、より多くの議席を割り当てる議員定数の不均等な配分も重要である。いいかえれば、都市部と農村部での一票の格差が大きいということである。国際的な比較においてマレーシアは一票の格差がもっとも高い国のひとつとなっている[40]。

政党と選挙に支えられた権威主義、これがマレーシアの二〇一八年までの政治体制だった。しかし、その政治体制は二〇一八年の総選挙で崩れることになった。最大の理由はマハティールをはじめマレー人の有力政治家が当時のナジブ政権を批判し、UMNOが分裂したことである。そしてその原因として、政治的に重要な争点が、それまでの民族集団にもとづく亀裂から統治の質に移ったことが大きい[41]。

統治の質、つまり、汚職の撲滅が重要な争点になった直接のきっかけはナジブ首相の公金着服疑惑（1MDB事件）であったが、その背景には経済成長によって生み出された社会階層の変化など、社会構造の変化が重要な意味を持つだろう。そして、それに拍車をかけたのがインターネット、ソーシャルメディアの普及による情報の拡散である。従来のメディア統制で宣伝された過激派である野党と穏健派である与党という構図に対し、インターネットによって汚職、統治の質の問題が人々の関心を呼ぶ情報として広く行きわたり、政治的に重要な争点として圧倒的な意味を持つようになったことが影響している。

第5章　民主主義と社会経済的格差

一　民主主義の機能

政治的な平等は社会経済的な平等ももたらすはずである。直観に素直に従えば、そう思うのが自然だろう。政治的平等とは、どのような立場にある人でもまったく同等の権利を政治の場で行使することである。大金持ちであっても、スラム住民であっても、一人一票の原則が適用される。社会経済的な不平等、典型的な例は所得格差であるが、それが存在するとして、多くの場合、低所得者層の人口のほうが高所得者層の人口より多いのだから、一人一票の原則にもとづけば、低所得者層の望む政策を掲げる政治家、政党が選挙に勝利するはずである。

もしそうであれば、再分配政策が実施され、課税と公共サービスの提供で、資産は高所得者層から低所得者層に移転され、所得格差は解消するだろう。政治的平等を前提とする民主主義においては、社会経済的格差はなくなるはずであり、民主化を望む権威主義体制下に生きる人々は、それを期待するに違いない。

しかし、現実がそうでないことは周知の事実である。民主主義は社会経済的な平等を必ずしももたらさない。むしろ、民主主義において所得格差が大きくなっている事例を見つけることのほうが多いかもしれない。もちろん、不平等を生み出す要因は政治的なものに限定されない。それよりも、産業構造あり方や経済成長の発展段階、あるいは人口構成などによる影響のほうが大きいだろう。しかし、社会経済的な平等をもたらすことができない民主主義は、民主主義に期待される機能がうまく働いていないと受け取られることも確かである。

さまざまな利益の調整をおこない、安定的な秩序をもたらすことが制度に期待された役割だとすれば、そうした機能がうまく働かない制度は、人々の不満を引き起こすことになる。そのときには、制度から離脱しようとする動きや、制度を破壊しようとする試みが誘発される。民主主義の機能不全は、このように民主主義の安定性や維持にとって大きな障害となる。

この章では、所得格差を例にとり、民主主義が期待された機能を果たせないときに、それがどのような原因に起因しているのか、そして、機能不全がどのような帰結を生み出すのかを、東南アジアの事例を通じて考えてみる。

二　政治的平等と社会経済的不平等

民主主義の効果

そもそも、政治体制と社会経済の関係について、これまで大きな関心が寄せられてきたのは、民主主義と経済成長の関係だろう。民主主義は経済成長をもたらすのか、あるいは、経済成長すると民主化が起きるのか、という議論である。一九五〇年以降の世界各国の統計を用いて実証的に検証したアダム・プシェヴォルスキらは[1]、民主主義か権威主義かによっては経済成長に顕著な違いをもたらさず、また、民主化するか否かは経済成長に影響を受けないとした。ただし、豊かな民主主義は壊れにくいとも主張した。これについては、ほかの研究者たちから民主主義は経済成長をもたらすという実証結果が示されたり[2]、また、経済成長は民主化をもたらすという主張も提起され[3]、依然として論争の続くところである。

政治体制と経済成長というかなり大きな問題を取り扱う場合、一国の平均的な所得水準を指標として扱うことになるが、それによって取りこぼされるものもある。それが所得格差の問題である。同じ所得水準であっても、所得格差の高い国と所得格差の低い国では、社会階層間の亀裂の深刻さは異なる。それは政治体制のあり方にも影響を与えると推測される。実際、二〇〇〇年代には比較政治学、政治経済学の分野で所得格差を主たる原因と考えて民主化を説明しようとする研究が注目された。[4]人々の享受する利益全体（パイ）の話である経済成長とは異なり、格差の問題は、社会における異なる利益集団間の対立と結びついている。利益調整の仕組みとしての民主主義の機能が問われる代表的な問題なのである。

政治体制と所得格差の関係においても、政治体制と経済成長と同様に二つの方向の因果関係が想定される。すなわち、民主主義は所得格差を減少させるのか、という政治体制が所得格差にもたらす効果と、所得格差の大きさは民主化に影響するのか、という格差が体制に対して与える効果である。この二つの方向性の違いを意識することは重要である。ただし、実際にはこの二つはお互いに関係し合っている、いわば内生的な関係にある。

所得格差が縮小すれば民主化しても富裕層が再分配政策によりその資産を奪われるという懸念がなくなるので、富裕層が権威主義を維持するインセンティブがなくなるという議論もあれば、[5]民主主義であれば再分配が進むはずなので所得格差が縮小するだろうという議論もある。[6]あるいは、民主主義が所得格差の問題の解決につながるだろうという期待が民主化を進めるが、[7]民主化後に期待したような所得格差の減少がみられなければ政治が不安定化するといったことも予測される。

ここでは、民主主義の機能を検証するという目的に沿って議論を絞り、民主主義の所得格差に対する影響に焦点を当てよう。

民主主義と所得格差の関係というのは、もう少し抽象化してみれば、政治的な平等と社会経済的な平等の関係と言い換えることができる。この二つの平等は先述のように論理的にはお互いを補強するはずである。多数派の選好が政策として実現する仕掛けとして民主主義を理解するならば、民主主義が所得格差に対して影響をもたらす道筋には以下のような論理が成り立つ。

ある社会において所得格差が存在するとして、この所得格差があるという状況に対して、政策の選択肢として考えられるのは再分配政策である。再分配政策とは、所得格差を減少させるため、所得の高い層に課税をし、その収益を低所得者層に補助金などのかたちで給付するものである。簡単にいえば、政府が介入して一定程度の所得を高いところから低いところに移転するということである。具体的なやり方はもちろんさまざまであり、教育を無償にするとか、健康に関わる保障をおこなうとか、一定程度の所得がない場合には現金給付をおこなうなどである。

このような再分配政策を考えた場合、高所得者層と低所得者層の選好は異なるものになると予想される。高所得者層は政府による公的なサービスを受けなくても、自らが保有する資産を使って市場から代替するサービスを調達すればよい。むしろ他者のために高い税金を払うのは損になるので、税率はできるだけ低いほうがよいと考えるだろう。一方、低所得者層はそうしたサービスを手に入れる資産がないので、政府から与えてもらうことを望むと推測される。簡単にいえば、高所得者層はできるだけ低い再分配率を選好し（再分配がなければないに越したことはない）、低所得者層はできるだけ高い再分配率を選好するはずである。

一方、民主主義のもとで、政府を運営する権力者は選挙によって決められる。そこでは多数派の選

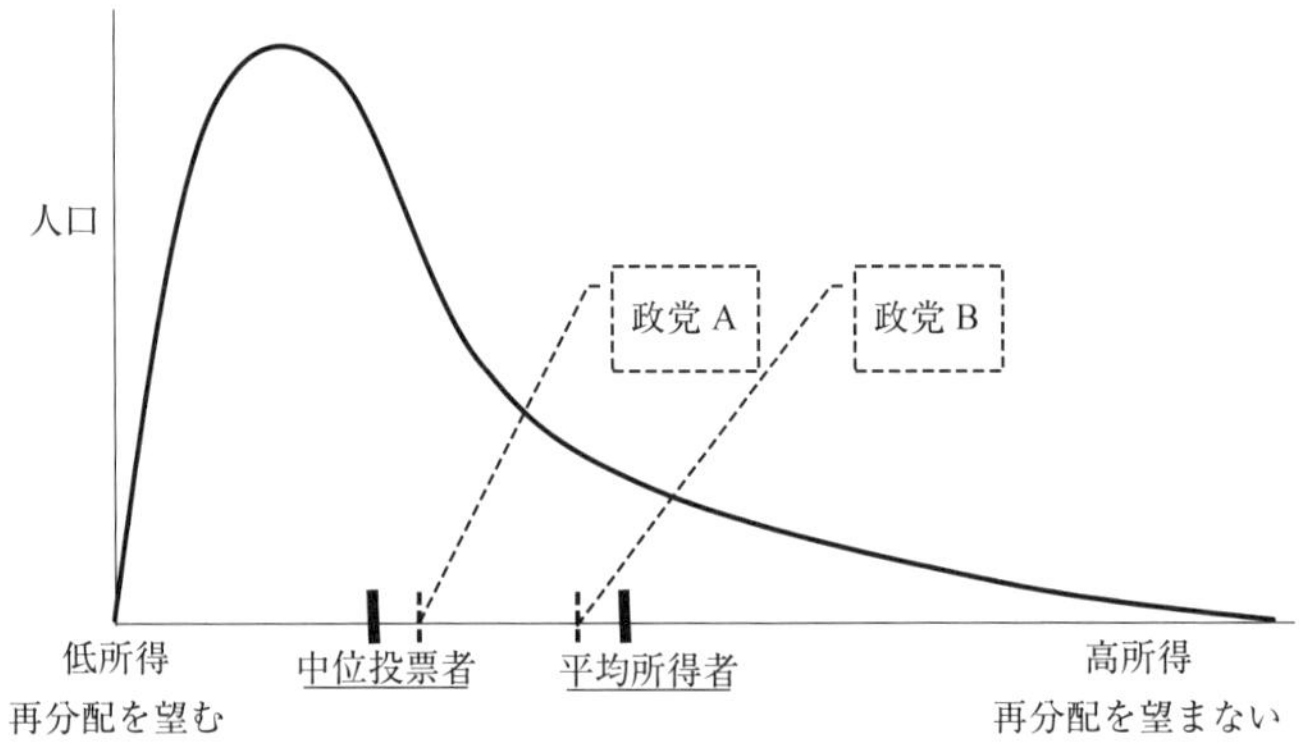

図5－1　再分配政策に関する選好（所得水準と相関）にもとづく人口分布
出所：筆者作成。

好に応え、多数派の支持を得る候補、政党が政権を担うことになる。とすれば、その政権は多数派の選好を政策に反映させるだろう。

所得水準と再分配政策への選好が相関関係にある、つまり、所得が低いほど再分配政策を望むと仮定して、一般に所得格差の存在している国での再分配政策への選好の度合いと、それに対応する人口の分布は、図5－1のようになるだろう。

所得水準をX軸とした場合、分布は正規分布とならないことが予想される。通常は、人口全体のなかで所得の低い層の占める割合が大きくなる。こうした分布では、中位投票者、つまり、全人口においてその人よりも所得の高い人とその人よりも所得の低い人の数が同じだけ存在するような、ちょうど中央に位置する投票者は、平均的な所得よりも低い所得を得ていることになる。簡単にいえば、中位投票者はその社会において比較的低い所得水準の人たちのなかに存在しており、その所得水準から考えるとより大きな再分配を好むということになる。

ここで政党Aと政党Bの二つの政党が異なる率の再分配政策をそれぞれ提示し、選挙に臨んだとしよう。政党Aが政党Bより高い再分配率を提示して、中位投票者の選好に近い政策を提示した場合、政党Aは全投票者の過半数を獲得することができる（中位投票者定理）。したがって、選挙においては政党Aが勝利する。政権を掌握した政党Aは、政府の政策として高い率の再分配政策を実施することになる。単純化していえば、平均所得より中位投票者の所得が低ければ低いほど、再分配政策が強化されるはずである[8]。

しかし、すでに述べたように、実際にはそうした理論に沿って物事は進んでいない。後述のフレデリック・ソルトの推計したジニ係数（再分配後）とV-Demの政治体制分類を使って単純に比較しても、二〇一五年時点で、国際的にもっとも所得格差の大きい国々二〇カ国のうち一二カ国が民主主義に分類されており[9]、民主主義の度合いと所得格差の間にも明確な相関が認められない[10]。これは私たちの実感とも合致しているだろう。

東南アジアの所得格差

それでは、本書の取り上げる東南アジア五カ国の所得格差はどのようになっているだろうか。図5−2は、二〇一五年時点での東南アジア五カ国のジニ係数の分布と、それ以外の世界の国々のジニ係数の分布を箱ひげ図と呼ばれる形態で比較して示したものである。ジニ係数とは所得格差の度合い

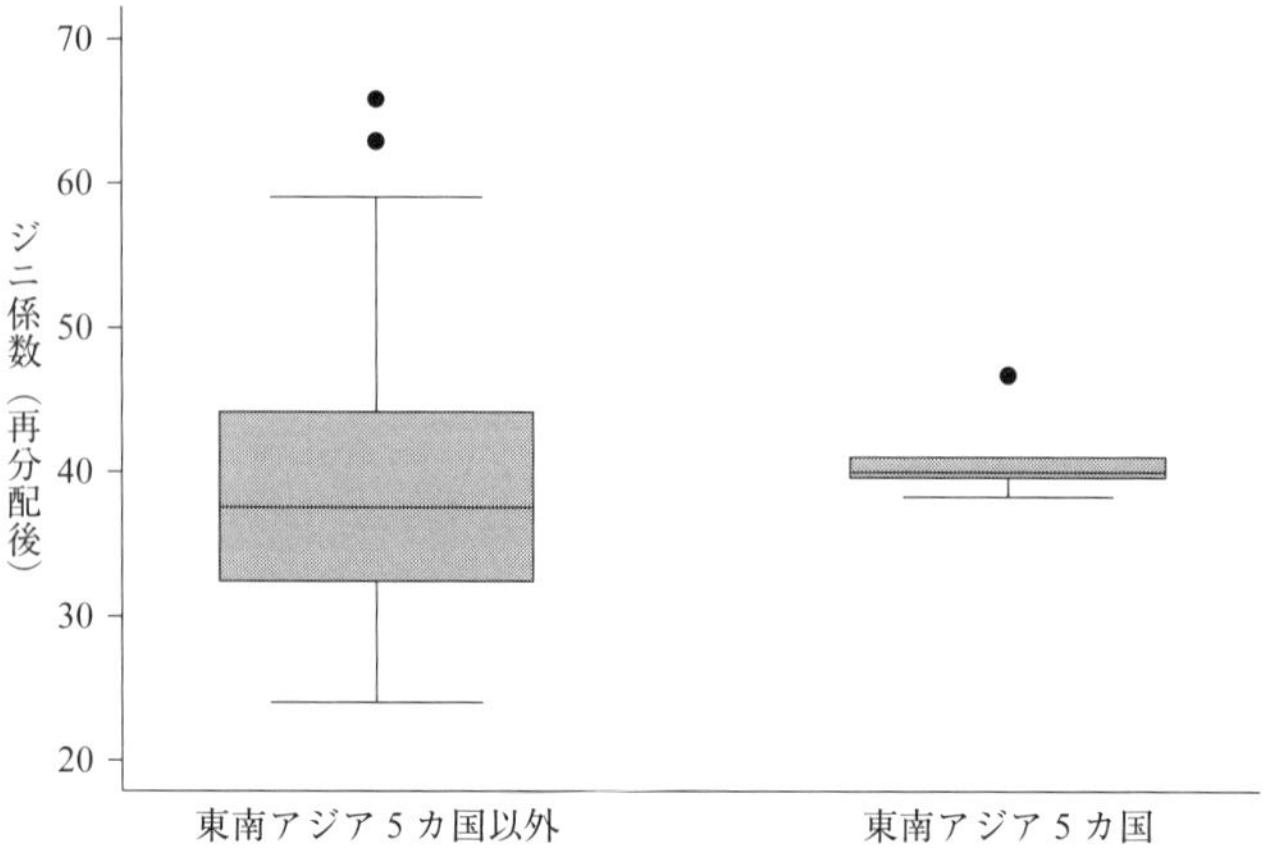

図５－２　東南アジア５カ国のジニ係数（再分配後）の分布，2015年
出所：Solt（2019）から筆者作成。

を示す指標であるが、その算出の基礎となる所得として何を使うかは国によって異なり（再分配前の所得か再分配後の所得かなど）、国際的に統一された基準で比較することができない。そこで、ここでは、ソルトが国際比較のために推計したデータセットをもとに比較をおこなう。[11] とくに、再分配後の所得をもとに計算したジニ係数を使う。

箱ひげ図が示す分布では、その箱の部分が数値全体の半分が分布する部分になっている。また、上位の線は最大値、下位の線は最小値を表し、点は外れ値を示している。また、箱の中に引かれている横線は中央値を示している。図５－２の箱ひげ図から、東南アジア五カ国のジニ係数がほかの国々の中央値より高いことがわかるだろう。[12]

さらに東南アジア五カ国に絞って、時系列的な格差の変化と五カ国の違いをみると図５－３のようになる。ここでも図５－２と同様に、ソルトが推計した再分配

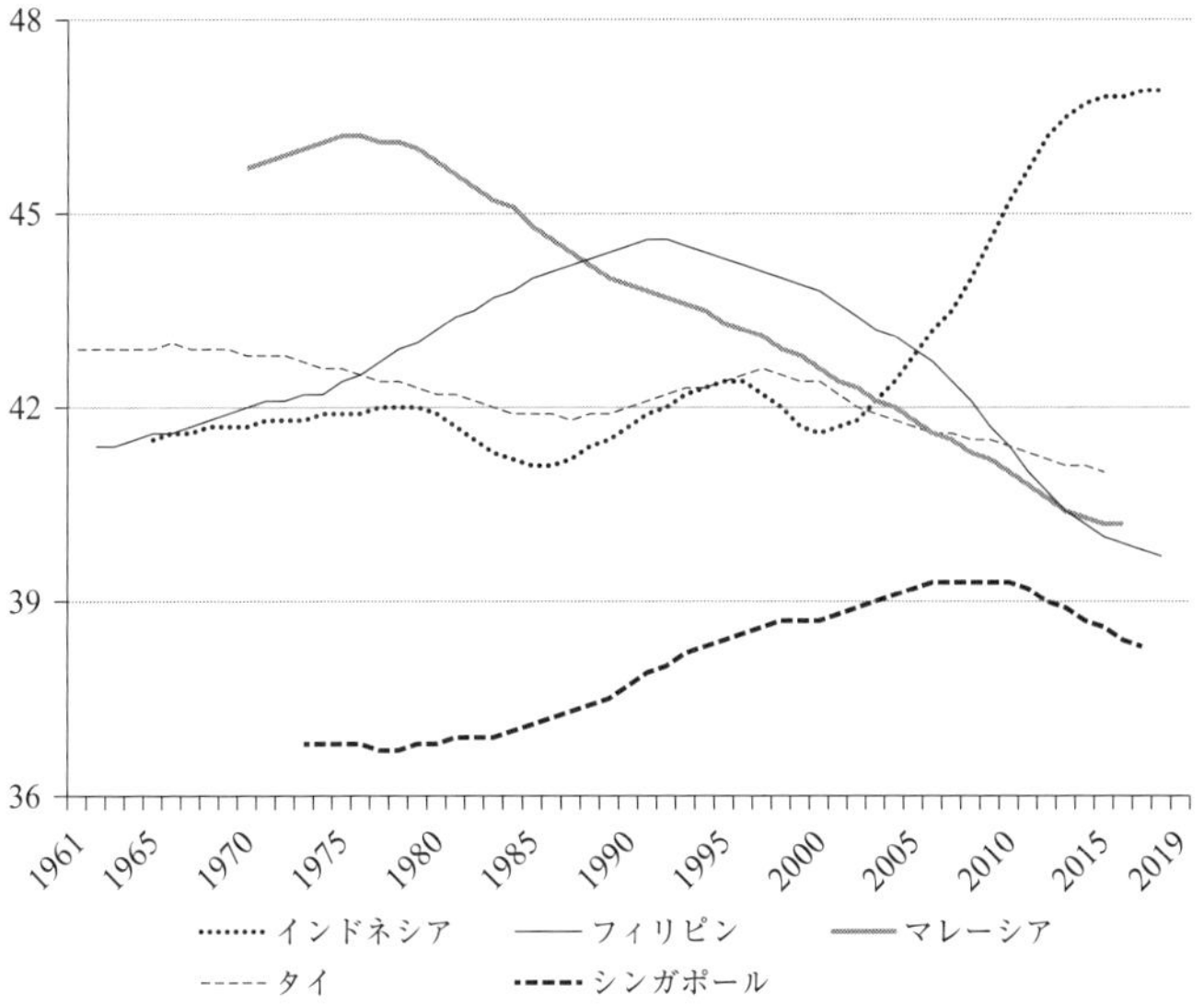

図5－3　東南アジア5カ国のジニ係数（再分配後）の推移
出所：Solt（2019）から筆者作成。

後の所得にもとづくジニ係数を使用する。[13]

おおまかな特徴としてみられるのは、五カ国のうち一貫して権威主義として安定していたシンガポールがもっとも所得格差の度合いが低く、続いて、シンガポールとの差は大きいものの、スハルト政権下（一九九八年まで）で権威主義だったインドネシアが長らく二番目に低かったことである。また、もともと所得格差の高かったマレーシアでは、一九六九年の民族暴動の後、マレー人優遇政策のもと一貫して所得格差の低下傾向がみられる。マレーシアほどでないにしても、フィリピンのマルコス権威主義体制期（一九七二～一九八六年）もわずかながら減少傾向をみせている。こうしたところをみると権威主義は所得格差を抑えることができる、あるいは減少させることができているように思える。

こうした権威主義における所得格差の推移に比べ、民主主義は所得格差の解消に期待されたほどの顕著な効果を持たなかった。それは、民主化を果たしたフィリピン、タイ、インドネシアのジニ係数の変化をみることによってもわかる。

この三カ国のうち、もっとも大きな変化をみせているインドネシアでは、一九九八年の民主化以降に急速に所得格差が拡大している。先ほどの理論的な予測とはまったく逆の傾向がみられるのである。フィリピンでは一九八六年の民主化以降、ジニ係数の水準は波打っているが、一九九八年のエストラーダ政権誕生後から緩やかな格差減少に転じている。

タイは民主化した一九九二年をピークに、それまでの所得格差の拡大傾向が減少の方向に転じており、民主化の影響があるようにも思える。しかし、そもそも一九九一年のクーデタまで一九八〇年代は「半分の民主主義」と呼ばれる時代であり、それまでの軍政に比べて民主主義の度合いが比較的高い時代であった。その時代に所得格差は拡大している。また、一九九二年の民主化以降、民主主義の時代に格差が減少しているが、二〇〇六年、二〇一四年のクーデタ以降も同様の傾向をみせているということは、軍政においても格差が小さくなっているということであり、民主主義、権威主義が所得格差に異なる影響を与えているわけではないということだろう。

所得格差の程度は政治によってのみ決定されるのではなく、当然、経済成長、都市化、産業構造の変化、人口構成の変化など、社会経済的な要因によって大きく影響を受けている。インドネシアの民主化後の格差の拡大は経済自由化が進むなかで起こった現象、いわばグローバル化の影響だという説明は説得力を持つ。クズネッツ仮説(14)、つまり、工業化が進む経済成長の初期段階では所得格差が進むが、工業の定着と低所得者層の所得向上、そして、民主主義のもとで低所得者層の政治的影響力が拡大することで、格差が低下するという予測のとおり、タイの一九八〇年代の格差拡大は経済成長の初期段階の現象であると考えることは妥当であろう。

とはいえ、筆者が間寧との研究で、世界の民主主義全体を対象に民主主義の所得格差解消の効果を検証した際には、こうした社会経済に関わる変数、あるいは人口などの変数を統制してみても、まだ、民主主義の効果は統計的に有意な水準では認められなかった(15)。

このような民主主義と所得格差の関係をめぐる理論的予測から外れた状況は、東南アジアを含む多くの発展途上国が抱える民主主義の三つの問題に起因していると考えられる。この三つは民主主義の問題として本質的なものであり、その影響を被るのは所得格差に限らない。

三　選好の多次元性、政治市場の不完全性、国家の統治能力欠如

本来、民主主義に期待された機能がうまく作用しないのにはいくつかの原因が考えられる。とくに選好の多次元性、政治市場の不完全性、国家の統治能力欠如の三つが大きな影響を与えている(16)。この

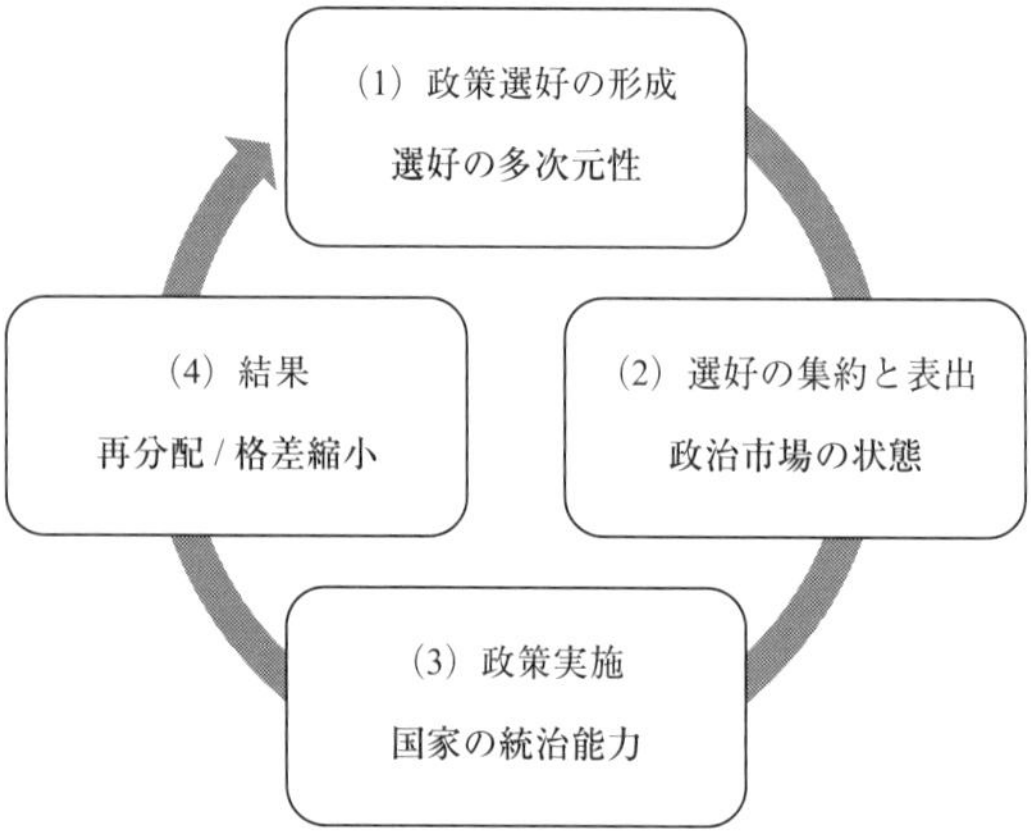

図 5－4　政治過程の各段階と制度の機能に影響を与える変数
出所：筆者作成。

三つを以下で説明しよう。

人々が政策の二つの選択肢、たとえば、再分配するかしないかという選択肢のうち、どちらを好ましいかと考えるかを政策選好と呼ぶ。この選好が実際に政策となり実施される過程は、主に、（一）人々の選好が形成される段階、（二）そうした個々人の選好が集約され、政策策定過程へ表出される段階、（三）政策決定がされて、実際にその政策が実施される段階、そして（四）実施された政策の効果を踏まえた新たな人々の選好が形成される段階、というように分けることができ、それはループ状の関係にある。そうした政治過程のそれぞれの段階に、民主主義制度の機能に影響を与える変数が存在している。これを示したのが図5－4である。

この一連の政治過程において、民主主義制度の機能に影響を与える三つの変数として、多次元的な選好、政治市場の状態、そして国家の統治能力がある。

選好の多次元性

社会における利益対立には複数の次元がある。再分配や社会保障だけではなく、産業、農業、貿易、安全保障、教育、宗教・民族政策など、さまざまな政策次元で利益のぶつかり合いがある。政党どうしの競争は、こうした政策次元ごとの個々の政策プログラムをまとめて、パッケージとして提示し、どのパッケージを選ぶかを選挙において問うことだと理解することができる。

しかし、市民にとってパッケージ全体を評価するのは難しいし、そうした関心はなかなか起きない。むしろ、自分のもっとも関心のある政策に焦点を絞って、どの政党が自らの選好に近いかを判断し、比較的好ましい政策を掲げる政党を支持することになる。この場合、もし所得格差以外の政策次元が大きな関心を呼んでいるのであれば、その次元での選好にもとづいて政党や政治家が選択されることになる。そこでは、再分配政策について必ずしも自分の選好と合致しない政党や政治家を支持するという状況が起きる。

東南アジアを含む多くの新興国では、所得格差以外で重要な意味を持つのが、民族的亀裂である。その国においてもっとも人々の関心を集めるのが民族的な亀裂であれば、再分配政策よりも、たとえば少数派民族の権利をどこまで保障するのか、といった次元の選好が優先される。同じ民族のなかで所得格差が大きいとしても、それは政治行動を決定する要因にはならない。それぞれの意識のなかで、個々人の経済的な利益よりも集団全体の利益が優先されるためである。いいかえると、第一の政策次元が個人的利益、第二の政策次元が集団的利益という二つの政策次元が生じ、後者の第二次元が優先されることで、前者の第一次元では個々人の持っている選好にとって不合理な選択をすることになる[17]。

政治市場の不完全性

かりに人々がそれぞれの所得水準をもっとも重視し、それにもとづく選好が強く形成されて、社会の大多数が高い再分配率を望むとしても、それがうまく集約されて、適切に政策策定の場に結びつかなければ、再分配政策は実現しない。これが政治市場の問題である。

政党や政治家の提示する政策と市民が提供する政治的支持（票）は、民主主義においては、あたかも商品と金銭が交換されるように取引される。経済市場と類似のものとして、政治市場が存在するわけである。しかし、この政治市場は、これまた経済市場と同様に失敗することもある。政治市場が適正な取引を実現できない状況、これを政治市場の不完全性と呼ぶ[18]。

政治市場の不完全性は主に政党と政治動員のあり方に要因を見つけだすことができる。不完全性のもととして代表的なのは、政党システムがうまく制度化されず、クライエンテリズムが政治動員の柱になっていることである。

ここで、政党システムの制度化とは、（一）政党間の競争が一定範囲内での勝ち負けとして安定的におこなわれ（市民の支持が極端に振れることがない）、（二）各政党が社会にしっかりと支持基盤を持ち、（三）統治の主要な手段としての選挙と政党の正統性が確立し、（四）政党自体が特定の指導者の個人的な支配に従属せず党内のルールに従って運営される状態を意味する[19]。

こうした制度化された政党システムのあるところでは、人々の選好を集約し、政策過程へつないでいくという作業は、政党を通じて効率的におこなわれる。高度に組織化された政党が安定的に継続して存在していれば、市民は各政党の政策選好を適切に認識することができる。どの政党の候補者かということで、その候補者の持っている政策の指向性を推測しやすい。

しかし、政党の盛衰が頻繁に起こったり、特定の個人が政党を私的所有物として支配していたりする場合は、市民が手にする政党の政策スタンスに関する情報は不確かなものとなる。結果として、人々が自らの選好に合致した政党を適切に支持することが難しくなる。また、政党にとっても、自分たちの党組織が安定的に存在しないということであれば、空約束を乱発し、目の前の選挙での勝利という短期的な目標を達成することを優先させるだろう。その場合、選挙後に政党が事前に提示した約束が反故にされる可能性も高まる[20]。

くわえて、クライエンテリズムが政治動員の柱になっている場合、市民の政治的な支持の提供は、市民の持つ政策選好から引き離され、もっぱら、政党あるいは政治家個人からの短期的な物質的利益の供与と結びつけられる。職や現金の提供などと引き換えに政治家は票を獲得しようとするのがクライエンテリズムの特徴である。そこで提供される利益とは、もっぱら私的財となる。つまり、提供を受けた人のみが利益を受けるものである。これに対し、受益者を限定しない公共財の提供は後回しにされる。

クライエンテリズムの本質は利益の提供と政治的支持の直接的な交換である。誰でも利用できる公共財であれば誰を支持するかに関係なく、すべての人が利益を受けるため、結局、誰も特定の政治家の支持者となるメリットがない。単に利用すればよいだけの話である。有権者の側の裏切り、つまり、支持することを約束しながら、ほかの政治家を支持するような行為に対しても、政治家は制裁を加えることができない。これに比べて誰に利益を提供するのかが明らかな私的財であれば、裏切り者には利益提供を止めることができる。

このような私的財の供与に依存するクライエンテリズムは、人々に対し利益を与えることは与えるので、ある程度の再分配効果を持つが、しかし、公共財の提供と比較してその効果は限られている。通常、クライエンテリズムにもとづく利益の分配は、地区の取りまとめ役など仲介者が存在し、彼らは票の取りまとめと利益分配をおこなうが、この仲介者は当然、手数料としてある程度の利益を自分の懐に入れる。いわゆるピンハネがおこなわれる。

さらに、利益分配の基準は政治的な忠誠の度合いであり、所得水準など受益者としての資格とは合致しない。本当に公的サービスを必要とする人が対象から漏れることは十分考えられる。

政党システムの制度化の欠如とクライエンテリズムは、政策と票が交換される政治市場を非効率なものとし、市民の政策選好の政策への反映を阻む効果を持つ。

国家の統治能力

かりに、再分配政策というひとつの次元で市民の選好が決定され、それが適正な政治市場によって政策に反映させせられ、市民の真に求める政策が実現したとしよう。しかし、まだそれだけでは不十分である。その政策がつくられた意図どおりに実施されなければならない。政策が適切に実施されるか否かを決めるのは、国家の統治能力のレベルである。

国家の統治能力とは、国家、具体的には政府・官僚が、社会の状態に関する情報を適切に把握するとともに、社会のさまざまな勢力からの抵抗や影響に屈することなく、自律的に統治を実施する能力である。この統治能力が低いとどのようなことが起こるだろうか。再分配政策に引きつけて具体的に考えると、以下のような問題がすぐに浮かび上がってくる。

社会の状態に関する情報で重要なのは、市民の所得を把握することである。人々の所得がわからなければ課税することはできないし、保護が必要な人々を特定することもできない。また、統治能力が低ければ脱税の機会が多くなる。そう考えると、統治能力が低い場合、個々の市民の所得に関する情報に依存する所得税の徴収が十分おこなえなくなる。その場合は必然的に、所得税などの直接税をあきらめ、消費税などの間接税に頼ることになる。直接税に比べ、間接税は累進的な効果を得ることが難しい。再分配がかなり困難になるだろう。さらに、統治能力の低さによってインフォーマルな経済活動の規模も大きくなり、所得格差が大きくなっていく。

また、統治能力が低いということは、官僚の規律を保てないということである。そこで大きな問題として出てくるのが汚職である。汚職は選挙以外の方法で政策に影響を与える手段となる。もっともわかりやすいのは、徴税を担当する部署の職員を買収し、脱税を見逃してもらうことである。もっと大規模になれば、政策全体のあり方について、たとえば税制であるとか、社会サービスの制度であるとか、再分配に関わる政策に関し、ビジネスエリートや大地主など所得の高い集団に属する人々が、官僚や政治家を買収することで自分たちに都合の良いものにすることが可能となる。その延長で、それが合法的なものであっても、政治献金を通じた政治家への影響力行使によって、高所得者層の好む政策が実現し、好まない政策が阻止されることにもなる。そうすると一人一票の原則に象徴される平等な政治的権利が非現実的なものとなり、所得に応じて個々人の政治的影響力が大きく異なるという状況が生まれる。

四　東南アジアの政治と格差

選好の多次元性、政治市場の不完全性、国家の低い統治能力の三つが所得格差、さらには広く、民主主義の機能に影響を与えると述べた。この三つの要因が所得格差に与える影響を、国際的な統計的比較によって実証的に検証した先述の筆者らの研究では、いずれも、おおむね予想どおり所得格差を拡大する効果が確認された[21]。

こうした視点を念頭において、東南アジア五カ国の政治と社会経済的な格差の関係をみるとどうなるだろうか。

インドネシア

民主化後に所得格差が拡大しているインドネシアは、民主主義と社会経済的な平等の関係が理論的予測から逆転した例である。所得格差の増大が、インドネシアの経済成長、経済自由化によって生み出された部分が大きいことは否定されえない。経済成長はインドネシア社会における貧困を減少させ、全体としての所得水準は上がっている。

一方で、経済成長の果実が高所得者層に集中してもたらされていることが、格差拡大の原因であることも多くの研究者が認めるところである。保健衛生、教育、家族計画といった面で低所得者層が自らの能力で事態を変更できない劣位な立場に置かれていること、高技能労働者とそうでない労働者の間の溝が深く、賃金格差が大きいこと、経済ショックがとくに低所得者に大きな影響を与えることなどの経済構造や政策面での不備が、格差の原因として指摘される。

それとともに、特定の社会経済的なエリートが、汚職を含めさまざまな手段を使って、さらに自分たちの資産の拡大を図っていることが、格差の原因として指摘されている。[22] とくに、インドネシアを研究の対象とする政治経済学者の間では、少数の有力者が利益を確保していることを強調するオリガーキー（寡頭支配）論が注目されてきた。[23]

先に示した民主主義の機能に影響を与える三つの変数に即して考えると、オリガーク（少数の支配者）への富と政治権力の集中を生み出しているのは、国家の統治能力の欠如と政治市場の不完全性であるとみられている。オリガーキーを構成する少数の支配者とは、ビジネスエリートであり、地方の権力者である。こうした人々は、国家の統制に従うことなく自律的に活動する社会の強者である。彼らは、国家に従うのではなく、逆に国家の規制権限や財政的な資源を利用し、自分たちの私的資産の蓄積を進めている。

オリガーキー論者たちによると、オリガーキーの起源は、スハルト権威主義体制期にさかのぼる。スハルトが進めたのは自律的な国家の確立ではなく、スハルトを中心とした家族、取り巻きによる国家の利用であり、それを通じたさまざまな資源の収奪であった。民主化後も、この国家機構を私的に利用するスハルト中心のクローニズムを原型とする収奪が変わることなく継続していて、社会経済的不平等が生まれていると彼らは主張する。インドネシアで汚職が深刻な問題となっているのも、同じところにその根がある。世界銀行やトランスペアレンシー・インターナショナルなどが示す汚職に関する主要な評価指標においてインドネシアの汚職のレベルが高いということは、それを裏づけている。

この国家の統治能力の欠如とオリガーキーが生み出す社会経済的な不平等は、民主化後、民主主義の制度そのものによって強化された。民主化後のさらなる格差拡大の原因として、とくに政治市場の不完全性が重要だったとみられている。マネー・ポリティクスという表現でよく語られるように、インドネシアは民主化後、選挙での票の買収がその典型であるが、金銭的な私的財との交換で政治的な支持が提供されるクライエンテリズムが成長したとみられているのである。

もともとインドネシアの政党システムは、アリランと呼ばれる宗教を軸とした社会の亀裂（イスラーム主義か、世俗かという区別）をもとに形成され、その流れはスハルト権威主義体制期においても、イスラーム主義の野党と世俗派の野党の二つの野党に集約統合されながらも続いてきた。こうした政党システムは、従来、ほかの東南アジア諸国と比べて、制度化の度合いが高いと理解されてきた。

しかし、民主化後、有権者が社会の亀裂に沿って活動している社会集団に動員される度合いが低くなり、政党との関係が緩やかなものになっていった。どの政党を支持するかという判断が個々人によって決められるようになって、メディアの影響を大きく受ける浮動票が大きな割合を占めるようになったのである[24]。先に示した政党システムの制度化の定義から考えると、制度化の度合いが低下しているとみられる。これが政治市場の不完全性を深めている。

ただし、オリガーキー論に対しては反論も提起されている。民主化は確実に市民社会を強化し、低所得者層の利益を代表する集団は存在している、そして、自由な選挙の実施は、政治エリートに対して、有権者の意向を突きつける場を有効に与えており、必ずしもオリガーキーの支配に人々が甘んじているわけではない、といったものである[25]。

また、汚職撲滅委員会（ＫＰＫ）や憲法裁判所の設置は、政治経済エリートの影響力を削ぐ効果も期待される。規律ある官僚の行動、法の支配の確立を促し、国家の統治能力を高める試みとして評価される。

とはいえ、その社会経済的な格差の拡大を見れば、民主主義が人口の多数派、つまり所得の低い層に属する人たちの政策選好を十分実際の政策に反映できていないことも明らかである。フィリピンやタイと比べれば、インドネシアの民主主義は、一定程度の調整能力を発揮して、政治に対する不満を解消する効果を持ってきたのは間違いない。しかし、それにしても、不十分な国家の統治能力と政治市場の不完全性は、インドネシアでも無視できないほどの程度になっており、それが、インドネシアの民主主義にとって大きな弱点となっている。

さらに近年、イスラーム主義の再台頭とともに「アイデンティティ政治」が議論されることが多くなった。宗教的なアイデンティティが重要な政治的争点になった場合、選好の多次元性の問題を生み出す可能性がある。つまり、経済的な立場にもとづいた再分配政策という政策の第一次元に対し、イスラーム主義か世俗かという政策の第二次元が現れることで、結果としてその第一次元での選好に反することになるとしても、第二次元での選好を優先するということである。有権者が誰を支持するかを考える際、社会経済的な格差は主要な争点とならず、不平等がそのまま維持される可能性が高まる。

フィリピン

国家の統治能力の低さと政治市場の不完全性は、インドネシア同様、フィリピンでも顕著にみられる問題である。むしろ、インドネシアのオリガーキー論は、フィリピン政治を説明する枠組みとしてすでに存在していたオリガーキー論を援用したものと理解できる。

大土地所有制、地方ボス、ビジネスエリートといった社会の強者が、国家の権限、資源を利用してその資産と権力を拡大し、維持している、というオリガーキー論、あるいは家産制国家論は、これまでフィリピンの政治経済をみるうえでの基本的な枠組みであった[26]。とくに汚職に表れている国家の脆弱性は、長いあいだ指摘されてきた問題である。

一九七二年に戒厳令を布告するにあたって、フェルディナンド・マルコスは、オリガーキーとの闘いを強権的な支配を正当化する理由のひとつとしてあげた。しかし、そのマルコスは、旧来の有力者を排して、代わりに自らに近い新たな有力者、クローニーを重用し、彼らは国家を利用した私的蓄財を進めたのである。その意味で、フィリピンでは一貫して国家が自律的な統治能力を持つことはなかった。

また、政治市場の不完全性という点では、これまで政党システムが制度化された状態にあったことはない。独立後からマルコス権威主義体制成立までの期間、数のうえでは二大政党システムが存在していたものの、両者の間の政治家の移動は頻繁に起こっていたし、いずれの政党も、大土地所有者、地方ボスといった社会の強者が中心にいて、垂直的なクライエンテリズムのつながりを使った集票という仕組みを持っていた。

一九八六年の民主化後は政党システムの不安定化が進み、政治家たちの離合集散が繰り返され、政党は結成されては消滅するという状況になった。大統領選挙にあたって、大統領職を目指す政治家たちが、確立された政党の指名手続きに沿って候補者として指名を受け、政党の代表として競争する、というパターンはみられなかった。それよりも、閣僚や上院議員、地方首長などとして、メディアに頻繁に取り上げられて社会的に広く認知された個人が立候補を表明し、その候補たちのもとに政治家たちが選挙のためのグループとして集うことが一般的となってきた。大統領候補は、既存の政党の候補者指名がなくても新しい政党をつくり、その代表として選挙に参加する。また、上院や下院、地方選挙職に立候補するそのほかの政治家たちは、勝ちが見込める大統領候補を担ぐ政党や、自選挙区のライバル候補に対抗するのに都合の良い政党に加わる。結果、大統領候補の数だけ政党が生まれることになる。

こうした状況のため、特定の社会集団、とくに農民や労働者など低所得者層の利益を一貫して代表する政党は生まれず、長期的に彼らの社会経済的な地位を向上させるような政策はなかなかとられることがなかった。かたちのうえでは農民や労働者などの代表を確保する目的で、限定的な比例代表の枠が下院に用意された。しかし、一つの政党は最大三議席までしか獲得できないという制約があり、さらに既存の政治家たちが見せかけだけの政党をつくってこの枠にも参入した。結局、社会階層を代表する政党は成長していない。

ただし、政治市場の不完全性に関して、一九九八年のエストラーダ政権誕生がクライエンテリズムに依存する状況を変えたことは重要である(27)。それまでクライエンテリズムの鎖につながれ、自分たちの利益を代表する政党がないため、有効な選択肢を持たなかった低所得者層は、エストラーダが大統領選に出馬することによって、クライエンテリズムのくびきから離れる可能性を見いだした。エストラーダはこれまでの政治のあり方を壊すことを主張し、明確に貧困層のための政治を主たるスローガンとして掲げ、登場した。

しかし、ポピュリスト的なバラマキ政治は、十分な効果を持ったとは言いがたかった。再分配の効果があったとしてもそれは短期的なものにすぎず、本質的に大きく格差が縮小することにはつながらなかった。[28] 汚職スキャンダルに憤った都市中間層からの大きな抵抗によって任期途中に大統領職から追放されたため、十分な時間が取れなかったのは確かではある。それにしても、民主主義が機能するためのより本質的な条件である国家の統治能力の向上が果たされないなかでは、社会経済的な平等の実現は難しい。エストラーダのもとで汚職の状況は悪化し、国家の統治能力は低下した。

また、政党基盤に乗らないエストラーダ政権の誕生は政党システムの制度化をいっそう阻害した。ポピュリスト的な個人が指導者になることで、一時的に低所得者層の選好が政策に反映される可能性が出たとはいえ、制度化されなければ頑強で持続的な政治市場の確立は不可能である。

二〇〇一年のエストラーダ政権崩壊の後も、フィリピンの状況はそれほど大きく変化していない。政党システムの制度化は果たされず、依然として流動的な状況である。国家の統治能力についても、ベニグノ・アキノ三世の政権下で、汚職の統制が進むなどの改善はみられたが、その後、ドゥテルテ政権ではふたたび悪化傾向がみられるようになった。

タイ

一九八〇年代から一九九〇年代にかけて急速に経済成長したタイは、一九九〇年代初めには比較的所得格差の大きい東南アジアにおいても、もっとも格差のある国となった。この社会経済的な不平等と、一九九二年の民主化、一九九七年の多数決型の政治制度を採用した憲法の制定は、その後のタイの政治的な不安定の原因となった。一方で、多数決型の政治制度が政党システムの制度化を促進し、そこで誕生したタクシン政権は所得格差の解消に向き合うことになった。

タイの経済成長は工業化された都市部に利益をもたらす一方で、農村は取り残される存在であった。インドネシアやフィリピンと同様に、経済成長は貧困の解消に貢献したが、所得格差はむしろ拡大した。それは社会階層でみれば、経済成長によって豊かになり増加した都市中間層と、そうした恩恵を受けなかった農民の差ということになる。政府の政策、たとえば、社会福祉や教育に関する資源の配分も都市部への偏重が大きく、税についても、必ずしも農村に限った問題ではないものの、農村に多く居住する低所得層にとっては不利な逆進的な税が課されてきた[29]。農業部門、とくにコメの価格に関する政策も生産者に有利なものではなかった[30]。これは典型的な都市偏重[31]だといえよう。

このような状態において、タイでは農民を代表するような合法的な政党は出現しなかった。限定的な民主主義、つまり、「半分の民主主義」と呼ばれる政治体制が存在していた一九八〇年代には、選挙が実施されてはいたが、地方のビジネスエリートがクライエンテリズムの鎖を使って農民から政治的な支持を獲得していた。そこでは、票の買収を仲介する票買人が重要な役割を担っていた。政党システムの制度化が確立されない政治市場の不完全性がこの時期のタイの大きな問題であり、これが民主主義制度の機能不全、社会経済的な不平等の原因となっていた。

一九九〇年代前半を頂点とした社会経済的な不平等は、その後、絶対的な水準としては相変わらず大きな格差があるものの、減少傾向をみせるようになった。これは、一九九二年の民主化と時期的に符合している。二〇〇一年のタクシン政権の登場以降は、さらにその傾向が顕著になり、農村開発重視の政策が実施され、籾米担保融資制度を通じたコメ価格の引き上げも進められた[32]。この時期、政党システムの制度化が不十分ながら一定程度進み、そして、社会階層間の格差が重要な政策次元として取り上げられるようになった。

一九九七年に制定された憲法には、それまでの政党システムを変える意図が盛り込まれていた。第3章で紹介したように、政党の細分化や派閥の形成を促す効果を持つ中選挙区・連記制は廃止され、小選挙区比例代表並立制が採用された。結果として政党の数が絞られ、政党指導部のコントロールが強く効くようになった。政党の組織的凝集性が高まったのである[33]。

また、タクシンが、都市と農村の格差を前面に押し出し、政治競争を争点化して集票した。つまり再分配政策を政策の次元としてもっとも重要なものとして提示したため、その次元での政策選好に沿った投票行動が喚起されたのである。結果として、中位投票者定理が導き出す予測どおり、中位投票者の選好、この場合、人口の多い農村居住者の選好に近い政策を掲げるタクシンの政党が多数を制して権力を掌握することになった。

タクシン個人の存在が圧倒的に大きく、完全にクライエンテリズムを排除しているわけでもないため、タクシン政権期のタイの政党システムが十分制度化されているとは言いがたい。政党は、相変わらず派閥の集合体としての性格が強いとも指摘される。ただし、タクシンというブランドを掲げた政党と農村重視の再分配政策が一体化し、政策に対して票が投じられたことは、政党システムの制度化

に少し近づいたといえよう。(34)

マレーシア

インドネシア、フィリピン、タイの民主主義制度の機能について理解をより深めるために、参考として、権威主義体制とみられてきたマレーシアの制度と社会経済的な不平等についてもみてみよう。マレーシアにとっては、社会経済的な不平等はきわめて重要な意味を持ってきた。それは、民族という亀裂とペアになって、常に政治の中心的な争点として立ち現れてきたのである。マレー人と華人が衝突した民族暴動が発生した前後の一九六〇年代、一九七〇年代は、農村に居住する所得の低いマレー人と都市に居住する所得の高い華人というように、民族的亀裂と経済格差による亀裂は合致していた。もちろん、富裕なマレー人や貧しい華人も存在したが、一般的には経済的な格差と民族集団の関係は一体のものとして理解され、その前提で政治的競争が組まれた。つまり、第一次元（所得をめぐる政策次元）と第二次元（民族をめぐる政策次元）はひとつの次元にまとまっていた。そして、いずれの次元でもマレー人が多数派だった。

このような社会の亀裂のあるなかで、統一マレー国民組織（UMNO）、マレーシア華人協会（MCA）、マレーシア・インド人会議（MIC）という与党連合を構成してきた民族政党にしても、汎マレー・イスラーム党（PAS）、民主行動党（DAP）という野党の民族政党にしても、社会の亀裂を明確に反映した政党であり、確立された支持集団を社会のなかに持つ。政党システムのその他の要素を考えても、マレーシアで政党システムが制度化されていたのは明らかであろう[35]。

すでに述べたように、政党システムの制度化と政策次元の一元化は、中位投票者定理の予測に従って、中位投票者の選好に沿った政策が採用される。民族政党によって構成される政党システムの制度化、民族集団と経済的地位の合致による政策次元の一元化によって、マレーシアでは中位投票者の選好、つまり、相対的に所得の低いマレー人のなかにいる中位投票者が持つマレー人重視の再分配政策という選好が、政策として実現することになる。まさに、ブミプトラ政策といわれる新経済政策（NEP）がこれに該当するのである。

もっとも、権威主義体制とみなされてきた一九六九年以降のマレーシアにおいては、与党が常に勝つようなさまざまな制約が加えられていたために、個々人の自由な投票を前提とした中位投票者定理は意味をなさないと考えることもできるだろう。しかし、マレーシアにおいて与党連合の国民戦線（BN）が圧倒的に強かった原因は、与党に有利な制度や野党への圧力などだけに求められるわけではない。中位投票者を常にターゲットとして穏健派の与党連合が成立したことは、投票者の自発的な投票があったためによる自然な結果である部分も否めない。政治的な競争に制約がなかったら与党連合が三分の二以上を獲得し続けることは難しかったかもしれないが、選挙で過半数を取ることは不可能ではなかっただろう。

中位投票者の選好に合致したマレー人優遇政策による経済格差の縮小は、かなり成功したといえる。絶対的な水準としては依然として大きな所得格差が存在しているものの、格差縮小の効果は明らかに現れている。ただし、このマレー人優遇政策、そして何よりも一九八〇年代後半からの急速な経済成長は、経済的な格差による亀裂のあり方に変化をもたらした。

ここでは二つの現象を指摘することができる。ひとつは、マレー人のなかでの格差の問題が浮かび上がってきたのである。新経済政策の結果、二〇〇〇年代以降、もっとも所得の向上がみられたのが、マレー人の高額所得者（上位一％と上位一〇％）である。[36] もうひとつは、都市中間層の規模が大きくなったことである。

このような変化は、それまでの民族集団と社会階層の合致をもとにした社会の亀裂をあいまいにし、政治的に重要視される争点を変化させた。民族集団間の不平等から、同じ民族集団内の不平等が意識されるようになり、[37] さらには汚職など政府の統治の質が重要な争点として生まれることになった。野党が民族的な違いを乗り越えて共闘し、政府に挑む状況も生まれるようになった。[38]

大きな枠組みとしては、経済成長とマレー人優遇政策のなか選好の多次元性が生まれ、それが二〇一八年の政権交代につながったとみることができるだろう。この多次元性が明確になったことで、各政治勢力にとっては、自分たちに有利な政策次元を選挙で争点とできるかどうかに勝敗がかかってくることになり、どの争点を競争の軸にするかという競争が展開される。統治の質を争点として選挙に勝ったマハティール率いる政党連合に対し、ＵＭＮＯを中心とした政党連合は、民族的な亀裂を強調し、ふたたびこの次元を競争の軸にしようと試みてきた。

シンガポール

国際的な基準からみれば、必ずしも低いわけではない所得格差の水準であるが、シンガポールの状況は、近隣の東南アジア諸国に比べればそのレベルは低い。シンガポールはマレーシア以上に、その権威主義の度合いが高いため、民主主義の機能の問題として社会経済的な不平等を考える事例にはならない。むしろ、権威主義体制、とくに人民行動党（ＰＡＰ）による支配の維持との関係で社会経済的な不平等の問題を考えることが重要であろう。

ＰＡＰ政権が確立された初期には野党指導者を拘束するなど物理的な強制をともなう行動もあったが、その後、ＰＡＰの体制維持の戦略は、経済開発と生活向上を基本とした市民の経済的な不満の解消、つまり生存を重視する価値に対応することを柱としていた。公営住宅の供給をはじめ、公共インフラの整備、外資誘致にともなう雇用の創出、教育制度の整備（といっても極度に競争を重視したものだが）といった政策は、これを具体化したものである。

このような経済政策を政策次元として前面に押し出すことは、政治的な支持を確保する戦略として有効であるとともに、副次的に、ほかの次元を背後に追いやり、政治問題化させない工夫でもあった。そこでもっとも強く隠された次元は異なる民族間の関係であった。その意味で、シンガポールでは選好の多次元性を上から統制したといえる。

民主主義の機能を考えるうえで重要なほかの二つの条件、すなわち、国家の統治能力と政治市場の不完全性についても、権威主義体制のシンガポールは東南アジアでは興味深い例外的存在である。世界銀行のデータでみる汚職の統制の度合いの高さに象徴されるように、シンガポールの国家の統治能力はきわめて高い。国土が小さい、人口が少ない、という物理的な条件とともに、シンガポールでは政府の統治の質の高さを高めることが、小国として生き残るために必要な条件と認識されていた。完全な業績主義にもとづく官僚の登用、そのなかからＰＡＰの幹部を選抜する仕組み、官僚の待遇の良さと汚職に対する厳罰といった仕組みは、国家の統治能力を大きく高めた。社会政策においても効率的で効果的な政策の実施が進められたのである。

政治市場の不完全性を考えるうえでカギとなる政党システムの制度化については、競争がなく、また社会に支持の中核となる集団をＰＡＰが持たない、という点で、民主主義体制における政党システムの制度化にはあたらない。しかし、特定の個人の支配ではなく、制度化された指導者選抜システム、統治の主要な手段としての選挙と政党の正統性の確立という点では、十分条件を備えている。政党と政府が一体となって市民の経済的な要求に対応していくという点で、市民の利益集約、表出が制度化されているのである。[39]

こうしたシンガポールでも、社会経済的な不平等に対する不満が解消されているわけではない。むしろ、二〇一一年の総選挙でＰＡＰが得票を大きく減らした背景には、二〇〇〇年代に拡大した所得格差の影響があるとみられる。[40]

シンガポールにおける問題は、しかし、格差の拡大そのもの以上に、格差が固定し、社会階層間を移動するような社会的流動性が低下していることにあるとみられる。[41]これまでの高度経済成長、そしてそのなかでもとくに教育が社会的流動性の高さをもたらしていたが、すでに高度に経済が発達したところで社会経済構造が固定化し、教育においても親世代の教育水準が子ども世代の教育水準に影響を与えていて、教育を通じた世代間の社会的流動性が低下している[42]。

そう考えると、シンガポールで近年みられる政権党支持の低下に代表される政治の変化は、経済発展したがゆえに生まれている現象と考えることができる。社会的流動性の低下とともに、シンガポール経済の移民労働者依存が生み出す不安も、同様に市民の政治行動に影響を与えている。高度経済成長と政党支配の権威主義体制が手に手を取り合って安定をもたらすというシンガポールのモデルが、大きな転換を迎えつつある。

第6章　パーソナリティと分極化の政治

一　政治秩序のゆらぎ

二一世紀を迎え、民主主義はふたたび困難な状況に見舞われている。一九六〇年代に世界各地でみられた民主主義の崩壊のような、軍事クーデタによる政権奪取や権力者が自ら民主主義を壊し権威主義を打ち立てるような、あからさまな政治体制の変動は、かつてほどはみられない。しかし、社会に存在している政治的な対立が先鋭化して、利益調整を政治制度がうまく進めることができず、そこに、政治的な対立をことさら煽ることで人気を集め、権力を手に入れる政治指導者が出現している。さらには、そうした政治指導者が自らの権力に対する憲法上の制度的制約（三権分立にもとづくチェック・アンド・バランス）を軽視するとともに、憲法に保障された市民的自由に制限をかけるといった事例もみられる。

政治制度が十分な調整機能を果たせないことで起こる対立の激化は、政治秩序の流動化にほかならない。また、比較的自由で公正な選挙が定期的におこなわれ、投票すること自体に制限が加えられることなく、かなり包括的に人々が選挙に参加することが保障されていても、政治指導者の権力強化が進むとともに、市民的自由の保障という第1章で示した民主主義が成り立つための重要な条件がないがしろにされ、民主主義の後退と呼ばれる現象も生まれている。

このような二〇〇〇年代の民主主義のゆらぎ、そしてその後退は、二つの現象とつながっている。ひとつは、政党などの組織ではなく、特定の政治家個人に依存して人々が動員され、政治が動かされていく現象の深化である。個人依存の政治と呼ぶことができるだろう。もうひとつは、政治的競争において特定の社会の亀裂のみが競争の対立軸として強調され、そこでの利益対立が人々の政治行動を強く規定する状況である。これは、政治の分極化と呼ばれる。こうした二つの傾向が、それまでの政治動員のパターンを変え、さらに、既存の政治秩序に挑戦するような動きを生み出す。

パーソナリティの政治

こうした状況は東南アジアにおいても顕著にみられる。第一の指導者個人のパーソナリティに依存する政治動員として代表的な例としては、強硬な手段を使って麻薬撲滅を進めるフィリピンのロドリゴ・ドゥテルテ大統領（二〇一六年就任）があげられるだろう。ダバオ市長時代、大型バイクを乗り回し、犯罪者たちに厳しい罰を与えてきた強烈なイメージは、対抗馬たちの既存の政治的なネットワークによる集票を上回る効果を持った。

マレーシアでは長いあいだ政権を掌握してきた統一マレー人国民組織（UMNO）中心の国民戦線（BN）が選挙で敗北し（二〇一八年）、マハティール首相が再登場した。マハティールは、東南アジアの他の政治指導者のように社会運動を自ら巻き起こす存在ではないが、それでも、高齢でありながら強い指導力を感じさせるマハティールの存在無くして、選挙を通じた政権交代は難しかっただろう。彼の存在によって、マレー人たちは野党に対して一定程度の信頼を寄せることとなった。

インドネシアの大統領選も現職のジョコ・ウィドド（ジョコウィ）大統領とライバルのプラボウォ・スビアントの一騎打ちが展開され（二〇一四年、二〇一九年）、この二人のパーソナリティに注目が注がれた。着実に開発を進め実績をあげた有能な政治指導者ジョコウィと、由緒正しい政治指導者としてのスタイルを強調し、イスラーム主義のイメージを打ち出すプラボウォが対決する構図が人々に強く意識され、それぞれの個人のイメージが有権者の投票行動に影響を与えた。

軍政下で選挙が実施されたタイでは（二〇一九年）、依然として国外にいるタクシン元首相の存在が意識されているとともに、若くて清新なイメージを持つタナトーンの登場が注目され、軍政に対抗する若い世代の代表として多くの票を集めた。

指導者個人に依存する政治動員は、ハーバート・キッチェルトが提示した政治家と市民の関係に関する三つの類型、すなわち、（一）カリスマ、（二）クライエンテリズム、（三）政策プログラムのうち、第一のカリスマの類型に該当する。(1) 政治指導者は、自らのパーソナリティを強調し、市民に直接働きかけて、人々が直面する問題を自分が解決し、より良い未来をもたらせると信じ込ませる。それは物質的利益の提供と政治的支持を交換するクライエンテリズムや、政策を掲げて競争に臨む政策プログラム型の政治動員のように組織に依存する割合が小さい。なお、三つの類型はあくまで理念型であって、実際は、二つないし三つの類型が組み合わされることもよくある。東南アジアに登場した個性の強い政治指導者たちは、その程度の違いがあっても、このカリスマ型の特性を持っている。

政治の分極化

第二の分極化は、こうした個性の強い政治指導者の登場とペアとなって現れてきた。もっともわかりやすのがタイのタクシン政権である。タクシン首相の強いリーダーシップのもと、社会階層間の対立が強調された。ただし、その後、軍政が長引くにつて、軍政・王室を擁護する立場と民主主義を求める立場の二極に転換している。

インドネシアでは二〇一七年のジャカルタ州知事選挙で、華人のキリスト教徒である現職候補バスキ・プルナマ（通称アホック）に対抗したイスラーム勢力の攻勢により、宗教（イスラーム）をめぐる亀裂が大きな対立点として顕在化した。それはその後の国政選挙でも重要な対立軸となり、プラボウォはイスラームを掲げ、大統領選挙でそれを巧みに利用した。

フィリピンでは一九九〇年代終わりから社会階層間の対立が先鋭化し、ジョセフ・エストラーダの登場と退陣のなかで分極化が進んだ。そうした亀裂を根底に持ちながら、二〇一六年の選挙以降はドゥテルテの登場とともに治安回復が中心的な争点となり、ドゥテルテが代表する治安と秩序を重視する実利的な立場と、前任のベニグノ・アキノ三世が体現する一九八六年の民主化からの流れを組む民主主義、人権、統治の質といった価値を重視する立場の違いが浮き彫りとなった。しかし、フィリピンでは、こうした軸にもとづいて社会の亀裂が深まるというより、前者が圧倒的な支持を得るようになった。

マレーシアでは、単純な一次元での分極化ではなく、既存の民族集団間の亀裂とナジブ政権の汚職疑惑によって注目されるようになった政治の公正性（汚職への対応）という、二つの異なる対立次元が注目された。そして、いずれが支配的な政治争点となるかという競争がみられた。どちらの争点を選ぶのかということと、どの勢力を支持するかが強く関係している。

社会運動型の政治動員

政治家個人への依存と政治の分極化には、政治家個人のパーソナリティと特定の争点を軸に形成される社会運動型の政治動員が重要な役割を果たしている。社会運動型の政治動員が政党と異なるのは、持続的な組織化、制度化がされていないことである。特定の政治家や特定の争点に合わせてアドホックに成り立つ動きであり、参加する人々も流動的となる。

東南アジアでよくみられるクライエンテリズム的な動員は仲介者に大きく依存する。これに対して、社会運動型の動員は、仲介者など人的なネットワークを飛び越して、政治家が直接、有権者に働きかけることが可能である。組織がないことは、ここではデメリットではなくメリットとなる。組織化することによって生じるコスト（組織の運営や維持のためのコスト）はかからない。現代においては、こちらの政治動員のほうが効率的で、効果的な動員をおこなうことができる。

社会運動型が、クライエンテリズムのネットワーク、あるいは社会の亀裂を軸にして形成される政党を通じた動員を凌駕するようになって、組織的な基盤を持たない個人でも、独自の政治動員の手段を獲得することができ、権力に関わることが可能になったのである。この社会運動型の動員を支えるのが、情報技術の進展である。つまり、個人依存と分極化はセットとなって出現していて、情報技術の進歩と組織化されない政治動員がそれを支えるという関係になっている。この点を次節で詳述しよう。

なお、ここで忘れてならないのは、このような状況が政治制度の能力低下と相まって発生している点である。

ひとつには、すでに述べたように、政党や政治マシンと呼ばれるような集票組織の役割が低下している。組織化された政治動員が難しくなり、また、政党がこれまで以上に社会の諸利益の調整もできなくなっている[2]。

もうひとつには、政策や政権そのものへの異議申し立てが、公式の政治制度（具体的には選挙や議会）を通じておこなわれるより、街頭行動やソーシャルメディアを通じて進められる傾向が強まっている。ソーシャルメディアによって街頭行動の呼びかけは容易になり、ソーシャルメディア自体での異議申し立ても大きな効果を持つ[3]。

二　政治動員の変化

社会経済構造の変化

個々の政党や政党どうしの関係の総体としての政党システム、あるいはより広く政治制度がどのような形態になるのかは、社会経済的な構造に影響を受けるところが大きい。政党システムのタイプを規定する要因としてしばしば指摘されるのは、選挙システムのあり方（小選挙区制か比例代表制かといった違い）とともに、社会の亀裂のあり方である[4]。そのため、社会経済構造が大きく変化すれば、政党はそれに合わせて変化を余儀なくされる。

東南アジアの状況でいえば、もっとも重要な社会経済的変化は急速な経済成長によって引き起こされた都市中間層の増加、都市の拡大、階層間格差の深化などであろう。これに加えてグローバル化の進行にともなう労働力の移動なども重要である。こうした社会経済構造の変化は、それが政策プログラムの提供を通じてであろうが、クライエンテリズムのつながりを用いたものであろうが、政党がそれまで依存していた政治動員のやり方の有効性を下げる。そうすると、これまでの政党の動員の仕組みから外れた人々が増加する。こうした人々を動員する新たな方法が見つかれば、それを駆使する新しいプレーヤーが競争力を高め、既存の政党は政治的に無力化されていく。

情報技術と社会運動型の政治動員

ここで大きな意味を持つのが情報技術の進化である。政党が政治動員の手段として優位な立場にあれば、政党の役割は大きいままで変化はない。しかし、政党以外の政治動員の方法が力を持つことになれば、政党を通じた政治動員、利益の集約の機能は低下せざるをえない。既存研究ではすでにテレビやラジオによる政党の弱体化の効果が主張されてきたが[5]、現代においては、こうしたメディア以上に強烈な影響を与える媒体が登場している。インターネット、ソーシャルメディアといった新しい情報技術は、政党がコントロールできる範囲をはるかに超えて、大規模に迅速に情報を流布するのに大きな威力を発揮する。さらに、こうした技術は特定の争点に焦点を当てた社会運動的な政治動員を強化していく効果を持っている。

社会運動型の政治動員は、たとえば、政策プログラム中心の政党がおこなう政治動員でみられるような社会政策、安全保障、経済政策、その他、さまざまな分野の政策におけるプログラムをまとめ上げてパッケージとして、有権者に提示することはないし、それはほぼ不可能である。こうした特性があるがゆえに、社会運動型の政治動員では、単一の争点について明確なメッセージを提供する候補者を担ぎやすい。この争点の単純化は、その争点を軸とした政治の分極化を推し進めていく。政治家個人への依存と政治の分極化が同時に生まれるのである。

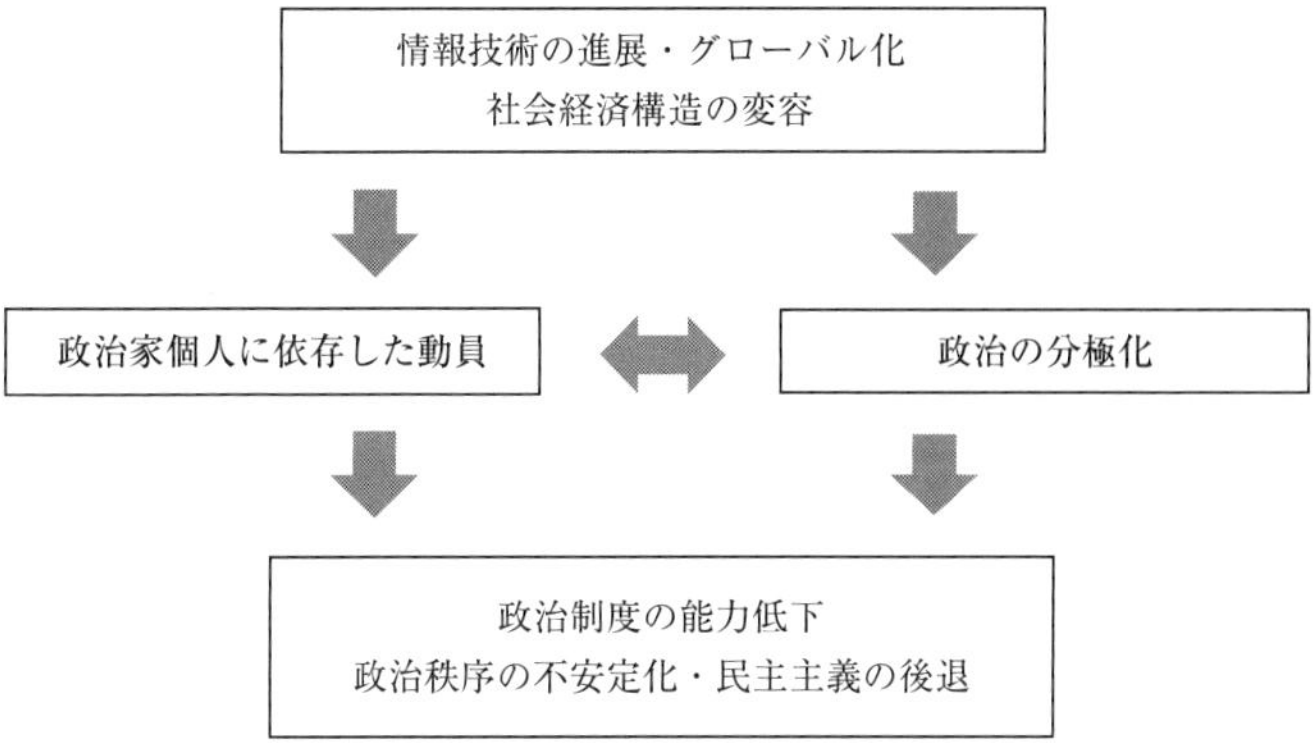

図6－1　政治家個人への依存と政治の分極化の原因と帰結

出所：筆者作成。

分極化とパーソナリティ

図6－1は、こうした一連の因果関係の流れを整理したものである。まず、情報技術の進展やグローバル化が社会経済構造を大きく変容させる[6]。社会に存在する集団の構成が変化し、既存の政治動員の仕組みから外れた人々を生み出す。これに加えて、情報技術の進展は、直接、政治動員のパターンを変える。こうした情報技術の進展は、特定の個人や特定の争点に焦点を当てた動員を可能にするために、政治家個人への依存と政治の分極化を強めていく。既存の政党による政治動員の能力低下と分極化の強化によって、既存の政治制度は利益調整の機能を大きく低下させ、政治秩序の流動化を招き、場合によっては民主主義の後退をも引き起こす。

政治家のパーソナリティを強調する政治動員はポピュリズムと結びつきやすい。既存エリートへの剝き出しの敵意、政党政治への容赦ない攻撃を武器に、政党に基盤を持たない個性の強い政治家が登場する傾向がみられる。こうした政治家は、選挙での勝利を唯一の、しかし、絶対的な正統性の根拠として繰り返し強調し、選挙の勝者である自分に対する批判を許さない。大統領や首相といった執政府の長となる権力者は、司法や議会、その他、監視機関が課す制約を排除しようとする。いわゆる水平的アカウンタビリティと呼ばれる権力分立によるチェックシステムをないがしろにし、垂直的アカウンタビリティと呼ばれる選挙によるチェックシステムのみを全面に押し出す。こうした状況は、委任型民主主義(7)ともいわれている。

一方、政治の分極化は民主主義を大切にするよりも、個々の有権者の党派的な利益を優先させる傾向を生む。民主的な手続きをないがしろにしたり、自分たちの主張と異なる立場にある政党や集団に不利な条件を課したりするような政治指導者がいたとしても、たとえば犯罪取り締まりの強化や自らが利益を受ける保護政策を推進するといった自分の党派的利益を守ってくれるのであれば、民主主義の理念からすれば問題であるようなことについては目をつぶる、ということが起こる(8)。

三　東南アジア政治の変容

政党システムの特徴

四七の民主主義国（多くは西欧）を対象とし、政党システムが制度化される条件について政党間の競争の安定性に注目して実証的に検証したスコット・マインワリングとエドゥルネ・ゾコは、どの時代に民主化がもたらされたかが政党支持の安定性に影響することを示した[9]。一九七〇年代以前までに民主主義を獲得していった国々では、政党が主体となって参政権を拡大する努力をしてきたし、また、新たな有権者を掘り起こし動員したため、新しく政治に参加した人々の間で政党への帰属意識が強かった。しかし、一九七〇年代以降、民主化した国では、一気に政治参加が拡大したため、政党が参加拡大に重要な役割を担わず、社会に深く根を下ろすことができないと主張した。

これに対し、アレン・ヒッケンとエリック・クホンタは、アジアの文脈では、国家の統治が開始される際に政党が果たした役割を重視すべきだと主張する[10]。政党が中心となって独立を進め、独立後も政党主導で統治システムがつくられた国では、政党システムが制度化され、そうでないところでは制度化されなかったと考える。

この二つの考え方のいずれにしても、より大きな視点でいえば、政治秩序の構築と定着において政党が果たした役割の大きさがその後の政党システムの制度化の程度を決定すると、考えることができる。

東南アジア五カ国をみると、独立直後（タイでは立憲革命直後にあたる）の時点で政党システムの制度化についてはバラツキがある[11]。この五つの国のなかでは、フィリピンの政党システムがもっとも制度化の度合いが低いとみられている。選挙ごとに離合集散が発生し、政治家の党籍変更も頻繁に起こっているためである[12]。クライエンテリズムにもとづく垂直的な政治動員の短期的なグルーピングが、フィリピンの政党の本質であった。タイも同様に、とくにタクシン政権誕生までは政党システムの不安定性が指摘されてきた。基本的には、フィリピンのようにクライエンテリズムに依存した集団が政党を構成しているという見方である[13]。

この二カ国に対して、インドネシアは比較的制度化された政党システムを持っているとみられてきた。世俗と宗教の軸によって生まれる社会の亀裂が深く存在し、政党はこの亀裂に沿って存在してきた[14]。一方、シンガポール、マレーシアでは、強力な与党とある程度確立された野党との競争が安定的に繰り返されてきた。競争的権威主義の文脈ではあるが、政党システムの制度化の度合いは高いとみてよい。

社会経済的構造の影響

こうした政党システムのあり方は、政治的競争が開始された際の社会経済的な構造を反映させたものだった。当時の社会経済構造の枠組みのなかで権力をめぐる競争の戦略として、あるいはそこで権力を維持するための制度として効果的な政党システムが確立されていったのである。しかし、この地域の経済成長と、それにともなう社会経済構造の変化は、政治的に注目される重要な社会の亀裂の種類、軸を変え、既存の政党システムの効果を低下させていった。それは社会の亀裂に沿って存在する政党だけでなく、クライエンテリズム型の政党の役割まで弱めた。社会経済構造の変化は、その構造を前提に動いていたクライエンテリズムの効果を低下させたのである。

社会経済構造の変化として、都市化の進行度合いをみてみると（図6－2）、そもそも都市国家の

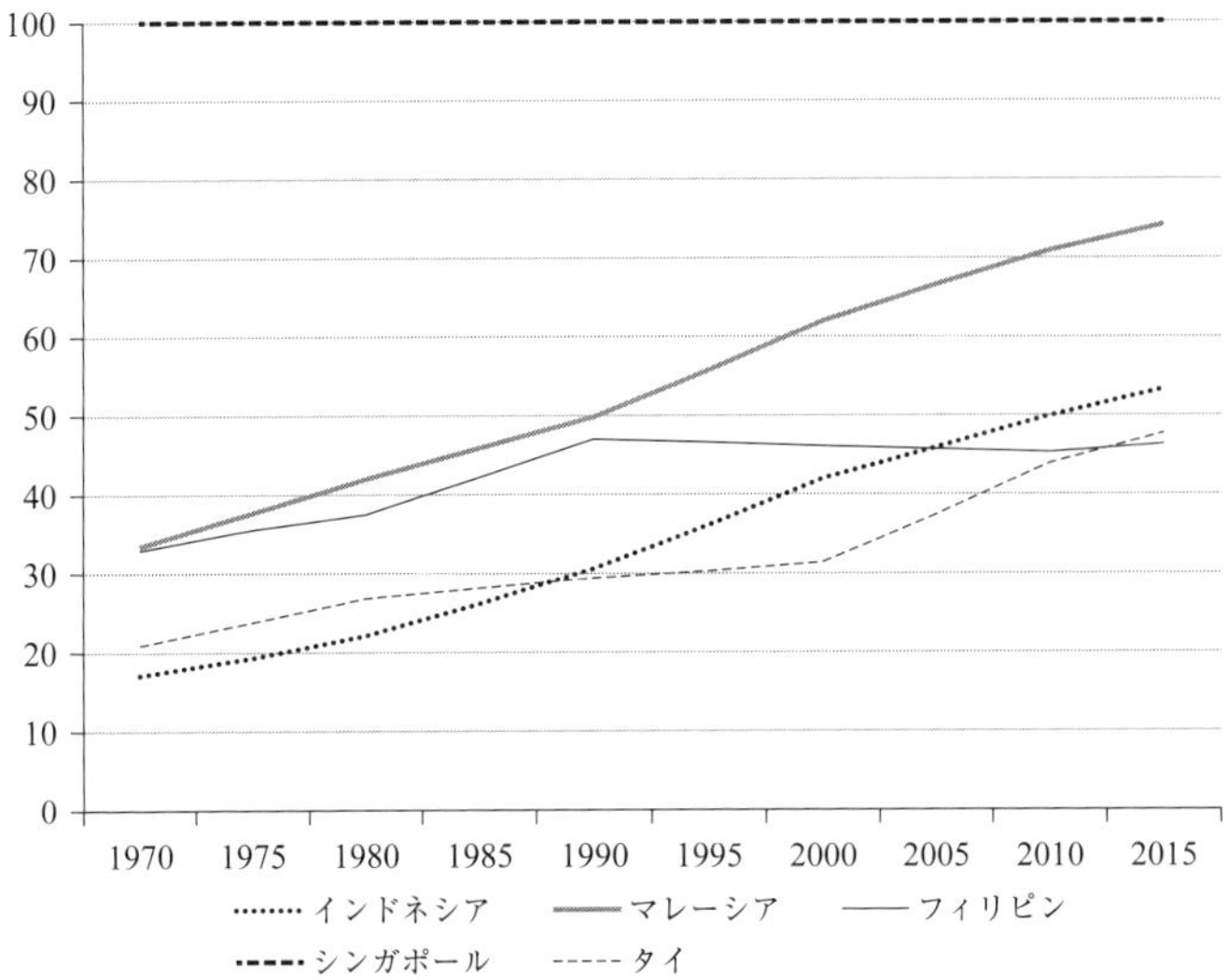

図 6－2　東南アジア 5 カ国の都市人口の割合の推移，1970–2015 年（%）
出所：United Nations（2018）から筆者作成。

シンガポールは一〇〇%のまま変化がみられないが、マレーシアでは一九七〇年代には都市に住む人口が全人口の三〇%強だったところが、二〇一〇年以降は七〇%を超え、もともとマレーシアと同じレベルだったフィリピンでも一〇ポイントほど都市化が進んでいる。さらにインドネシア、タイでも二〇%ほどだった都市人口の割合が、五〇%前後までになった。都市化の動きは、フィリピンで一九九〇年代に入って滞っているものの、マレーシア、インドネシア、タイでは二〇〇〇年代に入っても依然として進行している。

平均的な教育年数でも、同様に大きく増加がみられる。一九九〇年時点と二〇一七年時点での比較では、シンガポールでは五・八年から一一・五年、マレーシアで六・五年から一〇・二年と増加し、続いてフィリピンの六・六年から九・三年、インドネシアの三・三年から八年、タイの四・六年から七・六年と増加がみられる[15]。

都市化の進行や教育レベルの高度化がもたらす社会経済構造の変化とは、なんといっても社会階層の変化である。そこで重要な存在として出現するのが都市中間層である。都市中間層はパトロネージ分配や既存の亀裂に沿った利益集約から自由な存在であり、これまで存在してきた政党による動員の対象となりにくい。また、情報技術に対する理解も高く、社会運動型の動員に反応しやすい。くわえて、都市での行動、たとえば街頭行動は、その地理的な特徴から大規模化するのが容易であり、また、とくにそれが首都でおこなわれるということになれば、権力者に対し大きな圧力を加えることができる。こうした都市中間層の行動と政治秩序に対する影響は、権威主義体制においてであろうと民主主義体制においてであろうと違いがなく、民主化を進める担い手ともなりえるし、ときには民主主義を後退させることもありえる。

東南アジアで、こうした変化を政治に結びつける情報技術が急速に普及している。図6－3は、東南アジア五カ国のインターネット個人利用者数の人口比の推移を国際電気通信連合（ITU）の統計にもとづいて図示したものである。シンガポール、マレーシアは二〇〇〇年代前半から人口の半数がインターネットを利用し、現在はほとんどの人々が利用する状況となっている。フィリピン、タイも二〇一〇年以降急速に利用者が増加し、インドネシアがそれを追って増えている。

図6－4は、同じく東南アジア五カ国の携帯電話契約数の人口比の推移である。一人で複数の契約

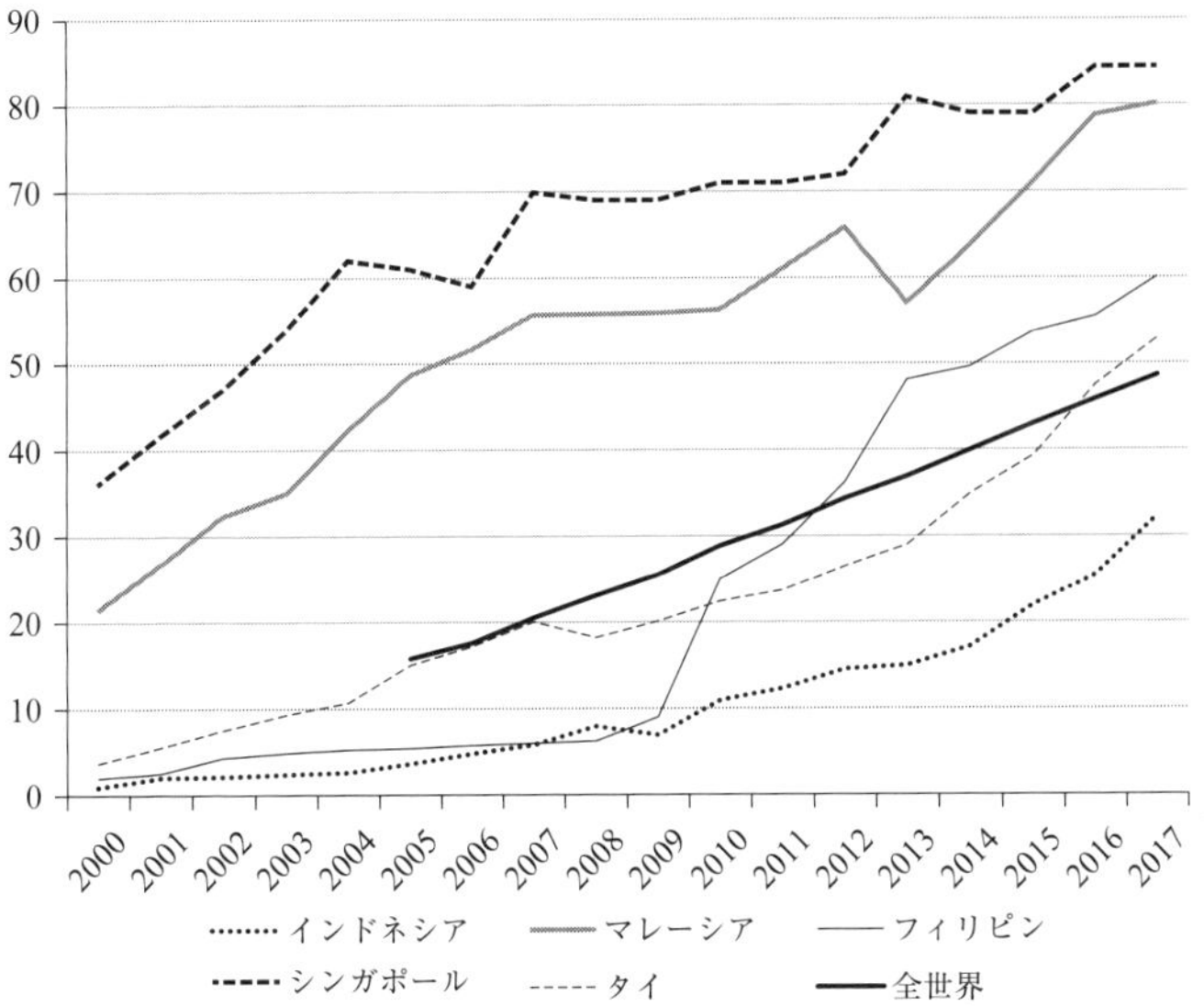

図 6－3　東南アジア 5 カ国のインターネット利用者数の人口比, 2000–2017 年（%）
出所：International Telecommunication Union, Country ICT Data（https://www.itu.int/en/ITU-D/Statistics/Pages/stat/default.aspx）から筆者作成。

や法人契約もあるため、人口数より多い契約数がありえるが、東南アジア五カ国いずれにおいてもかなり多くの契約数があり、それは二〇〇〇年代に急増したことがみてとれる。ソーシャルメディアについては、ピュー・リサーチ・センターが実施した二〇一七年の調査で、フィリピンでは四九％、インドネシアでは二六％の人々が利用していることが示されている。また、スマートフォンの所有はフィリピンで四四％、インドネシアでは二七％となっている[16]。この調査では、より高い教育を受けた層、また若年層でインターネット、携帯電話、ソーシャルメディアの利用率が高いことも示されている。

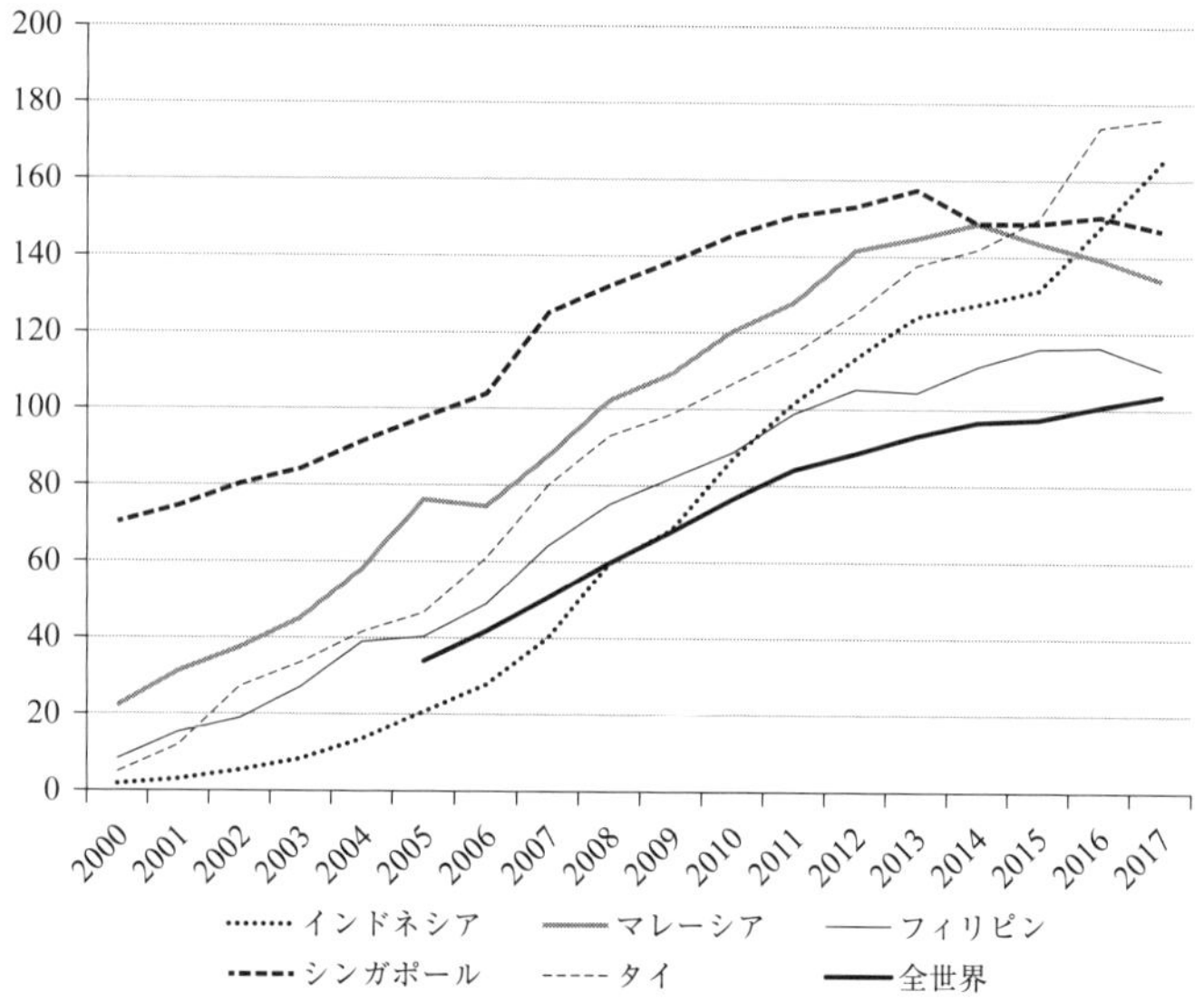

図6－4　東南アジア5カ国の携帯電話契約数の人口比，2000–2017年（％）

出所：International Telecommunication Union, Country ICT Data（https://www.itu.int/en/ITU-D/Statistics/Pages/stat/default.aspx）から筆者作成。

政党システムの変化

近年、政党システムの制度化の度合いにも、顕著な変化が観察されるようになってきた。これまで比較的制度化の度合いが高いといわれてきたインドネシアでも、短期的に提供される私的財（金品が代表的）の分配に依存する動員がみられる一方で、選挙で政党が果たす役割が低下しつつある。

二〇一四年、ジョコウィの大統領当選には、候補者のパーソナリティへの注目と彼を推す社会運動型の選挙活動が目についた[17]。それはとりもなおさず、政党が大統領選挙の中心に位置づけられて選挙戦が展開されるというより、大統領候補のパーソナリティに注目した選挙戦が展開されることになったことを意味する。

そして、それは二〇一九年の大統領選挙でも同様だった。ジョコウィとプラボウォという二人の個人が選挙の中心にあった[18]。

開発を争点として優位性を確保したいジョコウィと、イスラーム運動からの支持を受けつつ排外主義的なスタンスで選挙戦を優位に進めたいプラボウォが激しく競い合い、その競争はソーシャルメディアにおける双方のイメージ戦略に如実に現れた[19]。くわえて、インドネシアでは、非拘束名簿の比例代表制導入、大統領直接選挙の導入など、政党の役割を減少させる効果を持つ選挙システムへの変更が与えた影響も重要である[20]。

マレーシアでは統一マレー人国民組織（UMNO）率いる与党連合国民戦線が二〇一八年選挙で敗北し、政権が交代した。選挙前後に党籍変更者が続出するとともに、政党の再編が進んでいる。これまで民族的な亀裂をうまく利用したかたちで政権を維持してきたUMNOだったが、穏健派華人の離反だけではなく、国民の多数を占めるマレー人の離反が直接的な原因となって支持を急落させた。引き金となったのはナジブ前首相の政府基金着服疑惑である。

この汚職疑惑は、マレーシアではブルシ（Bersih）と呼ばれる市民組織による抗議運動を生んだ。既存のメディアが政府の影響下にあるなかで、インターネットを通じた情報の拡散がこの手の運動を支えている[21]。そこにマハティール、アンワルという際立ったパーソナリティを持つマレー系の政治家が野党指導者として加わったことで、民族的亀裂から統治の質に選挙の争点が移っていった[22]。ただし、新政権発足後の議会補選ではUMNOの巻き返しがみられ、政党間の競争はかなり流動的になっている。マレーシアでは政党システムの制度化のレベルが以前と比べて急速に低くなった。

一方、そもそも政党システムの制度化の程度が低いとみられていたフィリピンでも、さらに政党そのものの存在意義が問われる現象がみられる。前章で述べたように、フィリピンにおいて政党とは、選挙ごとに生み出される短期的な政治家どうしのグルーピングにすぎなかったが、それでも利益分配のチャンネルとして政治動員に一定程度の役割を果たしていた。しかし、大統領選挙や上院選挙など国政レベルの選挙ではすでに一九九〇年代から変化が認められる。候補者個人のパーソナリティへの注目がいっそう強くなっているのである。

一九九八年の大統領選挙では社会階層間の対立を強調し、それを争点化させたエストラーダが当選したが、三年もたたないうちに都市中間層を主体とするデモによって失脚した。二〇一六年の選挙では、かつて「ダバオのダーティーハリー」と呼ばれ、その暴力的な治安維持を売り物にしたドゥテルテが、麻薬取り締まりを柱とした治安回復を掲げて支持を集めた。エストラーダとドゥテルテはいずれも政党基盤を持たず、単一の争点を強調した点で共通している。パーソナリティと争点の単一化はセットとなって有権者に提示され、それを後押しする運動型の政治動員が進められた。そして、こうしたイメージの拡散に既存のメディアとともに、とくに二〇一六年選挙以降ではソーシャルメディアが大きな役割を果たしている。(23)

フィリピン同様、クライエンテリズムが強く政党システムの制度化が弱いとみられていたタイでも変化がみられる。集票マシンの集合体にすぎなかったタイの政党は、タクシンの登場と都市中間層と農民層の対立のなか、政党システムの制度化の要件を整えていった。[24]政治指導者のパーソナリティに依存する政治動員と政党システムの制度化が並行して進んだユニークなパターンである。もっとも、タクシンという個人に依拠した政党の成り立ちがあることで、政党システムの制度化の要件を十分満たしているとはいえない。タクシン系の政党がタクシン個人の支配から離れて、初めて政党システムが十分制度化されることになる。

二〇〇六年、二〇一四年とタクシンおよびインラックを追放するクーデタによってあからさまな軍政がふたたび生まれ、政治的競争が制約されたため、政党システムそのものの意味が失われた。軍の強い影響下に実施された二〇一九年の議会選挙では、軍政の支持、不支持が争点となり、そこでは、タナトーンという若い実業家が主役となった。内容は変わったものの、パーソナリティ、単一争点、社会運動型動員の特徴を持ったというところでは、これも新しい選挙政治のパターンに沿ったものだった。

シンガポールは唯一、政党システムの制度化が強固に維持されている事例となろう。外形的には目立った変化はみられない。ただし、二〇一一年の総選挙でのＰＡＰの得票率減少は変化の兆しとみることもできる。若い世代、あるいは中間層の間ではより多元的なシステムを求める意識が高まっている。[25]

政党システムに代表される政治制度の脆弱化は、競争の安定性を損ない、選挙政治の流動化をいっそう進める。民主主義はそのときどきの注目を浴びる争点によって揺さぶられ、安定的な利益の調整が難しくなる。それは民主主義に限らず、政党システムに依存する競争的権威主義でも支配の制度化がゆらぐことになる。そして、政治制度の脆弱化は選挙を繰り返すたびに進む。しかし、社会運動型の政治動員に政党が対抗できる見込みは立たず、政党システムをふたたび制度化するのはもう難しい。秩序を強固に確立させる手段はいまのところ見当たらない。

四　民主主義の後退

民主主義の後退が世界的に進んでいるという議論が盛んになっていることは、本書の冒頭でも触れた。[26] 二〇世紀後半に生まれた民主化の「第三の波」が一段落したあと、民主主義が侵食される事例が世界中で多くみられるという見方である。ここで指摘される特徴は、一九六〇年代や一九七〇年代に民主主義が世界各地で崩壊していったような誰の目にも明らかなかたちでの政治変動ではなく、民主主義的な手続きを経て、つまり正当な選挙で選出された権力者が、徐々に、ゆっくりと、自らの権力を強化し、支配を強めているというものである。[27] トルコのエルドアン政権、ベネズエラのチャベス（そして、後継のマドゥーロ）政権などが典型的な例と考えられる。

東南アジアでは二〇一四年のタイのクーデタ、二〇二一年のミャンマーのクーデタのように、依然としてあからさまな民主主義の崩壊の事例はあるが、民主主義が徐々に侵食される事例もみられる。

こうした民主主義の後退の事例としてもっとも代表的なのが、フィリピンのドゥテルテ政権であろう。民主主義の後退は、前述の民主主義的な手続きのもとで選出された権力者が、漸進的に自らの権力を強化するとともに、第1章で掲げた民主主義の定義からすると、第三の要件、すなわち、市民的自由が制限され、ないがしろにされていくことが特徴的である。すでに指摘したように、選挙で勝ったことに絶対的な正統性をおき、それに挑戦するメディアや司法を排除し、自分の権力行使に対する制約を外す、これが近年の民主主義の後退に位置づけられる権力者たちに共通した行動である。

ドゥテルテ大統領の衝撃

ドゥテルテ大統領は選挙運動期間中から、違法薬物の取り締まりに並々ならぬ意欲を示し、自分が大統領に当選したら、違法薬物取引に関わる者たち一〇万人を殺害しマニラ湾に沈める、などの過激な発言を繰り返してきた[28]。二〇一六年五月の選挙で勝利すると、まもなく公約どおり、違法薬物の取り締まりに乗り出し、路上で警官が違法薬物を取引していると思われる容疑者を射殺する行動が実行されることになった。二〇二〇年一〇月時点で、公式発表では五八〇〇人の容疑者が殺害されている[29]。

こうした司法手続きを無視したやり方には国内外から多くの批判の声が上がった。しかし、ドゥテルテ大統領は意に介すことなく、治安の維持がもっとも重要であることを主張した。そして、こうした取り締まりに批判的なメディアに対し、関係者を別件で刑事訴追をしたり、放送局の営業許可免許更新を拒否するなどの圧力をかけ、また、自らと関係のよくなかった最高裁長官を最高裁の内部手続

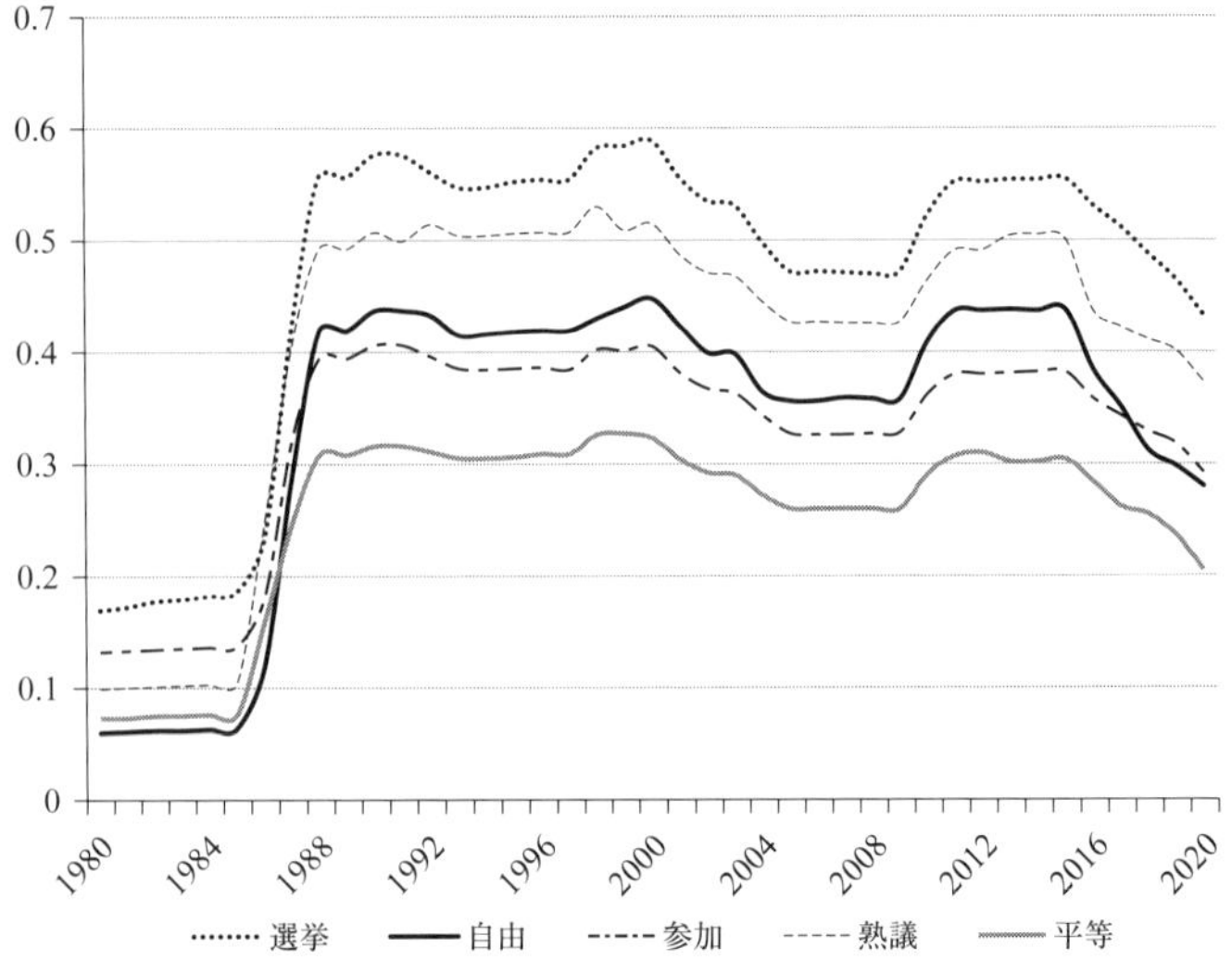

図 6－5　Varieties of Democracy 指標にみるフィリピンの民主主義の推移
出所：Coppedge et al.（2021）から筆者作成。

きだけで解任し、さらには政府の人権侵害を監視する人権委員会委員長の人格攻撃をおこなうなどの行動をとった。敵対する上院議員も逮捕、勾留した。

民主主義が後退していく様子は、たとえばV-Demのフィリピンに関するスコアに明確に現れている。図6－5はそのスコアの時系列の変化をみたものだが、選挙民主主義、自由民主主義、参加民主主義、熟議民主主義、平等民主主義のいずれの面でみても、二〇一六年のドゥテルテ政権発足により、スコアが落ちている。とくに、市民的自由の度合いを示す自由民主主義のスコアの低下が著しい。

民主主義の水準の低下、とくに市民的自由への制約が強まるにもかかわらず、ドゥテルテ大統領の支持率はかなり高い。二〇二〇年九月のパルス・アジアの世論調査（一二〇〇人対象）では、実に九一％の回答者がドゥテルテ大統領に満足していると答えている。また、さらに興味深いことに、ドゥテルテへの支持はあらゆる社会階層で高いが、とくに政権初期には中間層以上の階層からの支持がもっとも大きかった。

近代化論においては民主主義的価値の擁護者であるはずの中間層が、フィリピンでは、民主主義が後退した事例とみられる政権を支持する。この現象をどう理解すればよいのかは、現代の民主主義の状況を理解するうえで重要な課題であろう。ひとつの有力な説明は、すでに言及したように、民主主義が大切だと考える人たちであっても、自分たちの社会経済的な利益が実現されるのであれば、少しぐらい民主主義が後回しになってもよいと考える、というものである[30]。

フィリピンの事例でみれば、犯罪、とくに深刻な社会問題となっている違法薬物が取り締まられ、日常的な安心が確保されることは、自分や家族の生命・財産にとって切実な問題であり、これが何よりも最初に確保されるべきである、という心情が大きいと推測される。さらに、政権発足時には経済的に好調だったとはいえ、ほかの高度成長を果たした隣国と比較したときに、治安問題がフィリピンのさらなる発展の足かせになっているという認識もあるように思われる。一九八六年にアジアで初めて民主化の第三の波を経験し、民主主義、人権、自由といった価値を高らかに掲げたフィリピンの都市中間層は、民主化から三〇数年を経て、生存を重視する価値に回帰した。

そして、ドゥテルテ政権の登場は、前述の情報技術の進展の「成果」であるともいえる。二〇一六年の大統領選挙以降はソーシャルメディアが活発に利用され、ドゥテルテはその恩恵を大きく受けたと評価されている。[31] そもそも地方都市の市長として全国的な基盤がなく、政党のバックアップも小さかったドゥテルテが選挙運動を展開するのは、クライエンテリズムの連鎖が張り巡らされたこれまで動員のやり方が有効であったならば、それほどたやすいものにはならなかった。扇動的な公約、強力な個性、情報技術の進展が合わさったことでこうした権力者が生まれ、結果として民主主義の後退が進んだのである。

エピローグ

競争、秩序、制度

二〇世紀後半、冷戦の終結と民主化の波及によって多くの国が民主主義体制となった。民主主義はほかのタイプの政治体制より望ましいという規範が、世界中に行きわたった。

しかし、その民主主義はふたたびトラブルを抱えている。政治的な競争が激しくなり、政治秩序の不安定化が散見されるようになった。また、民主化に対する人々の期待と裏腹に、さまざまな問題を解決してくれないことに対する失望と不満が表出しつつある。そこでは、洗練されたやり方で権力を私的に利用する政治エリートに対する不信も生まれている。こうした問題は、民主化したばかりの新興民主主義国のみならず、すでに成熟したと思われてきた古参の民主主義においても、程度の差はあれ観察される。

本書では、こうした民主主義の抱える問題を整理し、そうした問題が生まれるメカニズムを理解するカギとして、自由な競争と秩序の維持が緊張関係に置かれていること、民主主義の制度がその緊張関係をうまく調整できるか否かが重要であることを示した。

競争の激化が社会的混乱を引き起こせば、民主主義の危機が生まれ、秩序を回復しようとする動きが始まる。しかし、秩序維持が過度に重視されると自由な競争が阻害され、民主主義が成り立たなくなる。民主主義の制度は、社会に存在する諸勢力、諸集団の間の利益を調整し、こうした競争と秩序の緊張関係のバランスをうまく維持する役割を担うことが期待される。しかし、残念なことに、こうしたバランスを維持するのはそう簡単なことではない。

何が実際のところ民主主義の抱える問題の核にあるのかを明らかにするために、民主主義の維持にとって重要なこの競争、秩序、制度の関係に焦点を当て、これが現実の問題として現れる四つの事象を取り上げて考えてみた。そして、この民主主義の抱える問題に悩まされ、苦闘してきた東南アジアの五つの国々、すなわち、インドネシア、フィリピン、タイ、マレーシア、シンガポールの経験に照らし合わせ、具体的な手がかりを探った。インドネシア、フィリピン、タイは繰り返し民主主義の不安定化の問題を抱え、マレーシアとシンガポールは競争の激化によって発生した暴動、混乱を経て民主主義と権威主義の融合した政治体制を確立して秩序維持を目指した。この東南アジア五カ国は、国際的にみても新興民主主義の抱える問題を典型的なかたちで経験した国々といえる。

民主主義の課題

本書が取り上げた民主主義の問題が顕在化した四つの事象とは、（一）無秩序な競争の激化としての「民主主義の不安定化」、（二）秩序維持への傾斜として「選挙が支える権威主義」、（三）制度の機能不全が現れた「民主主義と社会経済的格差」、そして、（四）従来と異なる政治動員と利益対立のパターンとして「パーソナリティと分極化の政治」である。

無秩序な競争の激化としての「民主主義の不安定化」とは、競争で勝つことが至上命題となり、競争を規律する制度を無視して、権力を奪取しようとする行動を、主要な政治勢力がとることである。権力を取った者と権力から排除された者の得る利益の差が甚だしく大きければ、権力を獲得するか否かが生死に関わるほど決定的に重要なことになり、競争が激しくなる。ある制度に従って競争する場合に、常に誰が勝者となるのかが自明であれば、常に敗者となる側には、その制度は理不尽だという不満が蓄積される。結果として、彼らはその制度を壊そうとするだろう。

東南アジアでは、これがフィリピンでのエストラーダ大統領の放逐、タイでのタクシン政権に対する軍事クーデタというかたちで現実のものとなった。大統領制であるがゆえに幅広い裁量権を持つフィリピンの大統領や、新憲法によってその地位が強化されたタイの首相という執政府の長の権力の大きさ。そして社会階層間での亀裂の先鋭化。これらが、競争の激化と民主主義の制度から離れて権力を奪取しようとする動きの基礎にある。

また、政権の交代が劇的に生まれるような場合だけでなく、選挙不正など、もう少し日常的なレベルでの民主主義制度の侵食も、同じような論理で説明できる。権力のうまみがそれほど大きくなければ、わざわざ資金を投じて買収したり、ならず者を雇って有権者を脅したり、といったことをする気にはならない。制度からの離脱する行動の背景には、権力の持つ影響力の大きさ、それによって加熱する競争があるからにほかならない。

一方、競争が激化することを恐れ、逆に政治秩序の確立に極端に振れたのが、「選挙が支える権威主義」である。政治的な自由が制限される権威主義体制のなかでも、個人や軍ではなく、政党が権力の主体となり、制限されながらも野党を許容し、選挙を実施し、議会で政策を立法化していくような、一見、民主主義と変わらない権威主義体制が、実はもっとも持続的である。そうした政治体制では、選挙や議会は単にお飾りではなく、与党メンバーの政党への忠誠を高める効果や、野党が体制に参加するよう懐柔を進める効果がある。

シンガポールやマレーシアは、かつて国内における民族間の対立による暴動を経験し、秩序の維持を重視するなかで、政党中心の競争的権威主義を確立した。個人支配の権威主義が支配者の没落とともに権威主義体制が崩壊するのとは対照的に、この二カ国では世代を超えた権威主義体制が継続してきた。

競争と秩序のバランスの問題が前記の二つの現象として現れているとすれば、バランスをとるためにさまざまな政治勢力、社会勢力の利益を調整するのが政治制度である。政治制度が期待されるような機能を十分果たせない。これが民主主義の不安定化の原因となっており、それが象徴的に現れているのが「民主主義と社会経済的格差」の並存である。

一人一票の原則により、政治的影響力の平等化が民主主義制度によってもたらされれば、いわゆる中位投票者の選好が政策的に実現すると理論的には予測され、社会経済的な平等化が進むはずである。しかし、人々の政策選好は多次元的であるため、社会経済的な問題以外の社会の対立軸（たとえば民族）によって投票行動が決定されたり、政党が社会からの要求を適切に政策策定の場につなぐことができなかったり、政府が政策を十分に実施する能力を持たなかったり、という理由で、結局、民主主義が機能しないことが頻繁にみられる。

民主化後に一気に社会経済的な不平等が拡大したインドネシアや、長らく民主主義的な制度を運用しながら格差の大きいフィリピンが、その代表的な事例である。それは「半分の民主主義」と呼ばれる時代に格差が拡大したタイも同様である。機能不全は民主主義に対する信頼を損なう。それは制度に従わない行動を正当化することになるし、また、既存の政治、政治エリートを批判して、「真の民主主義」の実現を主張するポピュリズムが力を得ることにもなる。

さらに、二一世紀に入り、グローバル化と情報技術の発展が民主主義のあり方に大きな影響を与えている。それは政治動員のありようを変化させ、これまでの制度、とくに政党の役割を減少させた。また、政治的競争においても特定の社会的亀裂がことさら強調され、対立が先鋭化するようになっている。前者が政治制度の弱体化であり、後者が政治の分極化である。

政治制度の弱体化は、パーソナリティの政治と表裏の関係にある。政治家個人の存在が政治動員の中核となることで、政党はその役割を失っていく。政党が提示する政策パッケージの競争はもとより、政党による組織的な政治動員、とくにクライエンテリズムのネットワークによる動員を超えて、インターネット、ソーシャルメディアを通じた政治家個人の直接的な市民への語りかけが選挙での得票に大きな力を発揮する。そこでは自分に有利な争点を強調して単一争点の選挙を仕掛ける。政治家個人を軸に単一争点に焦点を当てる政治的な競争は、政治的対立を二つの極の間での対立に単純化、そして激化させていくことになる。

フィリピンのドゥテルテ、インドネシアのジョコウィなどが典型である。政党システムの制度化の度合いが低下し、社会の対立が激化することで、政治秩序が流動的になり、さらにそれが民主主義の後退につながることにもなっている。

これからの民主主義

民主主義が直面する問題を取り上げてきたが、もしかすると、民主主義への将来に対して、本書が悲観的な立場をとっていると思われるかもしれない。民主主義は結局のところ競争と秩序のバランスを崩す、民主化しても安定できない、と主張していると受け取られるかもしれない。しかし、著者の意図はそうではない。本書が東南アジアの事例を引きながら民主主義の抱える問題を扱ったのは、問題の原因を探り、解決へのヒントを得たいからである。

民主主義は歴史的にこれまでもさまざまな試練にぶつかってきた。技術革新、社会経済構造の変容、経済危機、国際的な圧力などにより、それぞれの国の民主主義は絶えず挑戦を受け、新しい状況への対応を迫られる。そこに民主主義への期待と失望のサイクルが生まれる。経済成長を経験し、都市化、商業化が進み、多くの人、商品、資金、情報が行き来してグローバル化の洗礼を受ければ受けるほど、このサイクルがかなり強く現れる。

しかし、民主主義を再生する試みは常に続くし、そうした動き自体が民主主義の強靭化につながると期待することは決して楽観的すぎるものでもない。それは、民主主義を構成する制度が、いくつかの失敗を経験しながら、環境の変化にうまく適応する力をつけていくことで可能になる。サミュエル・ハンチントンが五〇年以上も前に唱えた制度の重要さは、いまだに変わらない(1)。

さらにいえば、民主主義の後退とも呼べる現象が目につくにしても、こうした後退に抵抗して声を上げる人々が少なくないことも希望を抱かせる材料である。民主主義の持つ正統性は、後退を甘受している人たちにとっても抗うことのできない普遍的な説得力を持っている。もはや正面から民主主義を否定して政治を進めることは不可能である。それはいずれの権力者も十分承知していることであろう。

もちろん、本書で取り上げたように、民主主義の制度を用いた権威主義の維持という状況が存在することもあるが、しかし、その代表的な事例であるマレーシアでは、長らく政権を握ってきた国民戦線が、まさに選挙によって権力を失うことになった。また、シンガポールでは、選挙を繰り返すたびに人民行動党（ＰＡＰ）の得票率が低下しており、穏健なかたちでの政治体制の変容がわずかながらみてとれる。

完璧な政治体制は存在しない。トレードオフの問題を抱えていない政治制度を見つけるのも困難である。しかし、漸進的な改善を繰り返すことで、少しでも理想に近い、つまり、人々の満足を高めるような結果をもたらすような政治体制へ近づこうとする営みが続く。

あとがき

大学に入るときは、法律を勉強して、それに関係する仕事に就こうと思っていた。政治学に興味があったわけでもなく、政治学が何たるかも知らなかった。研究者という職など想像もしなかった。それが民主化の第三の波がうねっていた時代の空気にのまれ、気がついてみれば「政治を研究しています」と名乗るようになっていた。確固たる決意のもとに研究者になったわけではないことは、正直、あまり大きな声では言えない。

それでも民主化が進む時代に研究を始めたことの影響は大きく、ずっと民主主義が気になってきた。政治思想研究のとても重厚な蓄積は承知しつつも、私自身はそうした規範論からは少し離れ、「民主主義の制度はどうすればうまく機能するのか」というとても即物的な関心がずっと頭のなかにあった。法律学のマインドがまだ残っていたからかもしれない。

勤務するアジア経済研究所から派遣され、フィリピンで新興民主主義の現実を直接観察することができた。また、アメリカで比較政治学の理論と方法に触れる機会を得た。そうした経験を通じて、フィリピンやその他の東南アジア諸国を対象に、あるいは、より広く新興民主主義国を対象として、この「民主主義の制度はどうすればうまく機能するのか」について考え、論文や評論などを何本か書いてきた。そろそろ、これまで考えてきたことをまとめて、できるだけわかりやすく整理したいと思い、本書に取り組むことにした。ご理解いただく方々とめぐりあうことができ、このように単行書として出版にいたったことは素直にうれしい。

本書の「売り」は、実証主義的な比較政治学の理論と東南アジアの事例を使って民主主義を理解しようとしていることである。日本語の出版に限定してみても、規範的な議論を中心とする民主主義に関する本はとても多い。また、実証主義的な研究でも、日本政治研究の積み重ねはとても厚い。そこには多くの優れた研究があり、私も常にこうした研究から学んでいる。一方、新興民主主義国、とりわけ東南アジアを対象としたものでは、自分が関わったものも含め政治事情の紹介は珍しくないが、比較政治学の理論や方法を用いたものはまだ限られているように思う。あまりよろこばしいことではないが、東南アジアは新興民主主義が直面するさまざまな種類の苦悩を抱えている。それを参照することで、民主主義の機能をめぐる実証主義的な理論をより深く理解し、丁寧に検証することが可能となる。こうしたところに本書が少しでも貢献できていればと願う。

本書の執筆にあたっては、多くの方々にお世話になった。本書のもとになったこれまでの研究活動まで含めれば、恥ずかしくなるほど助けてもらうことばかりだった。すべての方々のお名前を挙げることができないのが心苦しいが、皆さんに深く感謝している。なお、本書の基礎となっている研究活動には、ＪＳＰＳ科研費 JP20K01466、JP19H00582 の助成を受けた。

重冨真一先生（明治学院大学）、粕谷祐子先生（慶應義塾大学）、そしてアジア経済研究所の同僚である中村正志、川村晃一の両氏には、原稿全体を通して読んでもらい、とても丁寧で有益なコメントをいただいた。大西裕先生（神戸大学）には、二〇〇八年以来継続して科研費事業に加えていただき、本書を構想するうえで貴重な知見を得る機会を与えていただいた。

本書の執筆を考えはじめたころから、編集者の勝康裕さんには本のアイデアから始まり、出版にいたるまですべての段階でたいへんお世話になった。白水社の竹園公一朗さんには、快く本書の企画を受け入れていただき、出版に向けてご尽力いただいた。

本書の執筆を始めたのは、二〇二〇年の夏ごろだった。新型コロナウイルスの感染拡大で在宅勤務となるなか、妻と娘は筆者の執筆に快く協力し、励ましてくれた。

いまさらながら、自分ひとりでは書き終えることができなかったことをひしひしと感じている。ご協力いただいた方々に深くお礼申し上げたい。

二〇二二年三月二〇日

川中　豪

*

索　引

文献リスト

【日本語】
青木（岡部）まき 2015 「クーデタ発生—2014年のタイ」アジア経済研究所編『アジア動向年報』アジア経済研究所，325–352。
青木（岡部）まき・重冨真一 2007 「タクシン体制崩壊—2006年のタイ」アジア経済研究所編『アジア動向年報』アジア経済研究所，273–302。
浅古泰史 2018 『ゲーム理論で考える政治学——フォーマルモデル入門』有斐閣。
アジア経済研究所編『アジア動向年報』（各年版）アジア経済研究所。
今泉慎也 2011 「深まる政治的対立とポスト・反タクシン政治の模索—2010年のタイ」アジア経済研究所編『アジア動向年報』アジア経済研究所，267–296。
岩崎育夫 2013 『物語シンガポールの歴史——エリート開発主義国家の200年』中央公論新社。
岩崎育夫 1996 『リー・クアンユー——西洋とアジアのはざまで』岩波書店。
岡本正明 2015 「ユドヨノ政権の10年間——政治的安定・停滞と市民社会の胎動」川村晃一編『新興民主主義大国インドネシア——ユドヨノ政権の10年とジョコウィ大統領の誕生』アジア経済研究所。
岡本正明・亀田尭宙 2020 「ポスト・トゥルース時代におけるインドネシア政治の始まり——ビッグデータ，AI，そしてマイクロターゲティング」川村晃一編『2019年インドネシアの選挙——深まる社会の分断とジョコウィの再選』アジア経済研究所。
岡山裕 2020 『アメリカの政党政治——建国から250年の軌跡』中央公論新社。
粕谷祐子 2010 「アジアにおける大統領・議会関係の分析枠組み——立法権限と党派的権力を中心に」粕谷祐子編『アジアにおける大統領の比較政治学——憲法構造と政党政治からのアプローチ』ミネルヴァ書房。
粕谷祐子編著 2022 『アジアの脱植民地化と体制変動——民主制と独裁の歴史的起源』白水社。
川中豪 2011 「新興民主主義の不安定——勝利連合の変更と制度からの逸脱」『アジア経済』第52巻1号，2–23。
川中豪 2012 「政党」中村正志編『東南アジアの比較政治学』アジア経済研究所。
川中豪 2013 「選挙管理システムの形成——東南アジアの選挙管理委員会」『アジ研ワールド・トレンド』第214号，41–46。

川中豪 2017 「東南アジア諸国の選挙管理——民主化後のフィリピン，タイ，インドネシア」大西裕編『選挙ガバナンスの実態　世界編　その多様性と「民主主義の質」への影響』ミネルヴァ書房，41–80。
川中豪 2018 「一党優位支配と選挙システム——シンガポールにおける選挙システムと有権者からの評価」『年報政治学』2018–II：152–176。
川中豪 2021 「民主主義の現在を理解するための3つの理論」『アジア経済』62巻1号，34–49。doi: 10.24765/ajiakeizai.62.1_34.
川中豪・川村晃一編 2020 『教養の東南アジア現代史』ミネルヴァ書房。
川村晃一 2012 「執政・立法関係」中村正志編『東南アジアの比較政治学』アジア経済研究所，45–76。
川村晃一 2015 「ジョコウィ大統領の政権運営——『弱い大統領』をいかに克服するか」『アジ研ワールド・トレンド』第241号，4–6。
川村晃一 2020 「法の支配」川中豪・川村晃一編『教養の東南アジア現代史』ミネルヴァ書房，111–132。
重冨真一 2018 「政治参加の拡大と民主主義の崩壊——タイにおける民主化運動の帰結」川中豪編『後退する民主主義，強化される権威主義 - 最良の政治制度とは何か』ミネルヴァ書房，45–70。
末廣昭 1993 『タイ——開発と民主主義』岩波書店。
鈴木絢女 2018 「政治の自由化とリーダーの生存——2015年扇動法修正法案を中心とした法制度改革の分析」中村正志・熊谷聡編『ポスト・マハティール時代のマレーシア——政治と経済はどう変わったか』アジア経済研究所。
外山文子 2020 『タイ民主化と憲法改革——立憲主義は民主主義を救ったか』京都大学出版会。
鳥居高・竹下秀邦 1996 「マレーシア連邦憲法（解説と翻訳）」『総合的地域研究の手法確立——世界と地域の共存のパラダイムを求めて』24: 26–160, http://hdl.handle.net/2433/187624。
中村正志 2015 『パワーシェアリング——多民族国家マレーシアの経験』東京大学出版会。
中村正志 2018a 「ポスト・マハティール期の政治——改革，挫折，反動」中村正志・熊谷聡編『ポスト・マハティール時代のマレーシア——政治と経済はどう変わったか』アジア経済研究所。
中村正志 2018b 「『新しいマレーシア』の誕生——政権交代の背景と展望」『IDEスクエア』2018年9月，http://hdl.handle.net/2344/00050486。
萩原宜之 1996 『ラーマンとマハティール——ブミプトラの挑戦』岩波書店。
間寧 2006 「亀裂構造と政党制——概念整理と新興民主主義国への適用」『アジア経済』47巻5号，69–85。
見市健・茅根由佳 2020 『ソーシャルメディア時代の東南アジア政治』明石書店。
村嶋英治 1987 「タイにおける政治体制の周期的転換——議会制民主主義と軍部の政治介入」村嶋英治・萩原宜之編『ASEAN諸国の政治体制』アジア経済

研究所，135–190。
村嶋英治 1996 『ピブーン——独立タイ王国の立憲革命』岩波書店。

【欧　文】

Abinales, Patricio N., and Donna J. Amoroso. 2005. *State and Society in the Philippines*. Vol.: bp. Oxford: Rowman & Littlefield Publishers, Inc.

The ACE Electoral Knowledge Network. "Malaysia: Malapportioned Districts and Over-Representation of Rural Communities." Accessed March 15, 2021. https://aceproject.org/ace-es/topics/bd/bdy/bdy_my.

Acemoglu, Daron, and James A. Robinson. 2006. *Economic Origins of Dictatorship and Democracy*. New York: Cambridge University Press.

Acemoglu, Daron, and James A. Robinson. 2019. *The Narrow Corridor: States, Societies, and the Fate of Liberty*. New York: Penguin Press〔ダロン・アセモグル，ジェイムズ・A・ロビンソン著／櫻井祐子訳『自由の命運——国家，社会，そして狭い回廊』上下，早川書房，2020 年〕.

Acemoglu, Daron, Suresh Naidu, Pascual Restrepo, and James A. Robinson. 2019. "Democracy Does Cause Growth." *Journal of Political Economy* 127（1）: 47–100. doi: 10.1086/700936.

Alatas, Vivi, and Matthew Wai-Poi. 2015. Indonesia's Rising Divide: Why Inequality is Rising, Why It Matters and What Can be Done. Washington D. C.: World Bank.

Anderson, Benedict. 1988. "Cacique Democracy in the Philippines: Origins and Dreams." *New Left Review* I: 3–31.

Anek Laothamatas. 1988. "Business and Politics in Thailand: New Patterns of Influence." *Far Eastern Survey* 28（4）: 451–470. doi: 10.2307/2644738.

Asian Barometer Survey. 2010–2012. Asian Barometer Wave 3. Hu Fu Center for East Asia Democratic Studies, National Taiwan University.

Asian Barometer Survey. 2014–2015. Asian Barometer Wave 4. Hu Fu Center for East Asia Democratic Studies, National Taiwan University.

Balisacan, Arsenio M. 2001. "Did the Estrada Administration Benefit the Poor?" In *Between Fires: Fifteen Perspectives on the Estrada Crisis*, edited by Amando Doronila and Jose Veloso Abueva, 98–112. Pasig City: Anvil.

Balisacan, Arsenio M. 2003. "Poverty and Inequality." In *The Philippine Economy: Development, Policies, and Challenges*, edited by Arsenio M. Balisacan and Hal Hill, 311–341. New York: Oxford University Press.

Banzon-Bautista, Maria Cynthia Rose. 2001. "People Power 2: 'The Revenge of the Elite on the Masses'?" In *Between Fires: Fifteen Perspectives on the Estrada Crisis*, edited by Amando Doronila, 1–42. Pasig City: Anvil Publishing, Inc.

Bates, Robert H. 1981. *Markets and States in Tropical Africa: the Political Basis of Agricultural Policies*. Berkeley: University of California Press.

Bautista, Lowell. 2020. "The Ones who don't Walk Away from the Philippines." Southeast Asian Affairs: 275–292.

Bermeo, Nancy. 2016. "On Democratic Backsliding." *Journal of Democracy* 27 (1): 5–19.

Beta, Annisa Ridzkynoor, and Taberez Ahmed Neyazi. 2019. "What can tweets reveal about Jokowi and Prabowo?" *Jakarta Post*, Janurary 30, 2019. https://www.thejakartapost.com/academia/2019/01/30/what-can-tweets-reveal-about-jokowi-and-prabowo.html.

Boix, Carles. 2003. *Democracy and Redistribution*. New York: Cambridge University Press.

Boix, Carles. 2019. *Democratic Capitalism at the Crossroads: Technological Change and the Future of Politics*. Princeton, New Jersey: Princeton University Press.

Boix, Carles, and Susan C. Stokes. 2003. "Endogenous Democratization." *World Politics* 55 (4): 517–549. doi: 10.1353/wp.2003.0019.

Boix, Carles, and Milan W. Svolik. 2013. "The Foundations of Limited Authoritarian Government: Institutions, Commitment, and Power-Sharing in Dictatorships." *The Journal of Politics* 75 (2): 300–316. doi: 10.1017/s0022381613000029.

Brownlee, Jason. 2007. *Authoritarianism in an Age of Democratization*. New York: Cambridge University Press.

Bueno de Mesquita, Bruce, Alastair Smith, Randolph M. Siverson, and James D. Morrow. 2003. *The Logic of Political Survival*. Cambridge, Massachusetts: MIT Press.

Butt, Simon. 2011. "Anti-corruption reform in indonesia: an obituary?" *Bulletin of Indonesian Economic Studies* 47 (3): 381–394. doi: 10.1080/00074918.2011.619051.

Cabañes, Jason Vincent A., and Jayeel S. Cornelio. 2017. "The Rise of Trolls in the Philippines (And What We Can Do About It)." In *A Duterte Reader: Critical Essays on Rodrigo Duterte's Early Presidency*, edited by Nicole Curato, 231–250. Quezon City: Ateneo de Manila University Press.

Chambers, Paul. 2006. "Consolidation of Thaksinocracy and Crisis of Democracy: Thailand's 2005 General Election." In *Between Consolidation and Crisis: Elections and Democracy in Five Nations in Southeast Asia*, edited by Aurel Croissant and Beate Martin, 277–327. Berlin: Die Deutsche Bibliothek.

Cheibub, José Antonio, Jennifer Gandhi, and James Raymond Vreeland. 2010. "Democracy and Dictatorship Revisited." *Public Choice* 143 (1–2): 67–101. doi: 10.1007/s11127–009–9491–2.

Chiaramonte, Alessandro, and Vincenzo Emanuele. 2017. "Party System Volatility, Regeneration and De-institutionalization in Western Europe (1945–2015)." *Party Politics* 23 (4): 376–388. doi: 10.1177/1354068815601330.

Coppedge, Michael, John Gerring, Carl Henrik Knutsen, Staffan I. Lindberg, Jan Teorell, Nazifa Alizada, David Altman, Michael Bernhard, Agnes Cornell, M. Steven Fish,

Lisa Gastaldi, Adam Glynn, Haakon Gjerløw, Allen Hicken, Garry Hindle, Nina Ilchenko, Joshua Krusell, Seraphine F. Maerz, Anna Lührmann, Kyle L. Marquardt, Kelly McMann, Valeriya Mechkova, Pamela Paxton, Juraj Medzihorsky, Daniel Pemstein, Josefine Pernes, Johannes von Römer, Rachel Sigman, Brigitte Seim, Svend-Erik Skaaning, Jeffrey Staton, Aksel Sundström, Eitan Tzelgov, Yi-ting Wang, Tore Wig, Steven Wilson, and Daniel Ziblatt. 2021. V-Dem［Country-Year/Country-Date］Dataset v11. 1. Varieties of Democracy（V-Dem）Project.

Dahl, Robert A. 1971. *Polyarchy: Participation and Opposition*. New Haven: Yale University Press〔ロバート・ダール／高畠通敏・前田脩訳『ポリアーキー』岩波文庫，2014 年〕.

David, Cristina. 2003. "Agriculture." In *The Philippine Economy: Development, Policies, and Challenges*, edited by Arsenio M. Barisacan and Hal Hill, 175–218. New York: Oxford University Press.

Diamond, Larry. 2015. "Facing Up to the Democratic Recession." *Journal of Democracy* 26（1): 141–155.

Ford, Michele, and Thomas B. Pepinsky, eds. 2014. *Beyond Oligarchy: Wealth, Power, and Contemporary Indonesian Politics*. Ithaca, New York: Southeast Asian Program, Cornell University.

Fossati, Diego, Burhannudin Muhtadi, and Eve Warburton. 2019. "Follow the leader: personalities, policy and partisanship in Indonesia." *New Mandala*（July 15）.

Frantz, Erica. 2018. *Athoritarianism: What Everyone Needs to Know*. New York: Oxford University Press〔エリカ・フランツ／上谷直克・今井宏平・中井遼訳『権威主義――独裁政治の歴史と変貌』白水社，2021 年〕.

Gainous, Jason, Jason P. Abbott, and Kevin M. Wagner. 2018. "Traditional Versus Internet Media in a Restricted Information Environment: How Trust in the Medium Matters." *Political Behavior*: 1–22. doi: 10.1007/s11109–018–9456–6.

Gallagher, Michael. 1991. "Proportionality, Disproportionality and Electoral Systems." *Electoral Studies* 10（1): 33–51. doi: 10.1016/0261–3794（91）90004–c.

Gandhi, Jennifer. 2008. *Political Institutions under Dictatorship*. New York: Cambridge University Press.

Geddes, Barbara. 1999. "What Do We Know About Democratization After Twenty Years?" *Annual Review of Political Science* 2（1): 115–144. doi: 10.1146/annurev.polisci.2.1.115.

Geddes, Barbara, Joseph Wright, and Erica Frantz. 2018. *How Dictatorships Work: Power, Personalization, and Collapse*. New York: Cambridge University Press.

Gomez, Edmund Terence, Johan Saravanamuttu, and Maznah Mohamad. 2013. "Malaysia's New Economic Policy: Resolving Horizontal Inequalities, Creating Inequities?" In *The New Economic Policy in Malaysia: Affirmative Action, Ethnic Inequalities and Social Justice*, edited by Edmund Terence Gomez and Johan

Saravanamuttu, 1–28. Singapore: National Univeristy of Singapore.
Gomez, Jim. 2020. "Duterte suspected extrajudicial killings in drug crackdown," Associated Press, October 6, 2020. https://apnews.com/article/virus-outbreak-philippines-manila-rodrigo-duterte-international-news-356a3325fe6482d5fd3de19fbb5e-0be6.
Graham, Matthew H., and Milan W. Svolik. 2020. "Democracy in America? Partisanship, Polarization, and the Robustness of Support for Democracy in the United States." *American Political Science Review* 114（2）: 392–409. doi: 10.1017/S0003055420000052.
Haber, Stephen. 2006. "Authoritarian Government." In *The Oxford Handbook of Political Economy*, edited by Barry R. Weingast and Donald A. Wittman, 693–707. New York: Oxford University Press.
Hadiz, Vedi R. 2010. *Localising Power in Post-Authoritarian Indonesia: a Southeast Perspective, Contemporary issues in Asia and the Pacific*. Stanford, Calif.: Stanford University Press.
Hadiz, Vedi R., and Richard Robison. 2014. "The Political Economy of Oligarchy and the Reorganization of Power in Indonesia." In *Beyond Oligarchy: Wealth, Power, and Contemporary Indonesian Politics*, edited by Michele Ford and Thomas B. Pepinsky. Ithaca, New York: Southeast Asian Program, Cornell University.
Hartmann, Christof, Graham Hassall, and Soliman M. Jr. Santos. 2001. "Philippines." In *Elections in Asia and the Pacific: A Data Handbook, Volume 2, South East Asia, East Asia, and the South Pacific*, edited by Dieter Nohlen, Florian Grotz and Christof Hartmann, 185–238. New York: Oxford University Press.
Hewison, Kevin. 2014. "Considerations on Inequality and Politics in Thailand." *Democratization* 21（5）: 846–866. doi: 10.1080/13510347.2014.882910.
Hicken, Allen. 2009. *Building Party Systems in Developing Economies*. New York: Cambridge University Press.
Hicken, Allen. 2015. "Party and Party System Institutionalization in the Philippines." In *Party System Institutionalization in Asia: Democracies, Autocracies, and the Shadows of the Past*, edited by Allen Hicken and Erik Martinez Kuhonta, 307–327. New York: Cambridge University Press.
Hicken, Allen, and Yuko Kasuya. 2003. "A Guide to the Constitutional Structures and Electoral Systems of East, South and Southeast Asia." *Electoral Studies* 22（1）: 121–151. doi: 10.1016/s0261-3794（01）00053-1.
Hicken, Allen, and Erik Martinez Kuhonta. 2011. "Shadows From the Past: Party System Institutionalization in Asia." *Comparative Political Studies* 44（5）: 572–597. doi: 10.1177/0010414010396460.
Hicken, Allen, and Erik Martinez Kuhonta. 2015. "Introduction: Rethinking Party System Institutionalization in Asia." In *Party System Institutionalization in Asia: Democra-*

cies, Autocracies, and the Shadows of the Past, edited by Allen Hicken and Erik Martinez Kuhonta, 1–24. New York: Cambridge University Press.

Ho, Kong Weng. 2010. "Social Mobility in Singapore." In *Management of Success: Singapore Revisited*, edited by Terence Chong, 217–241. Singapore: Institute of Southeast Asian Studies.

Horowitz, Donald L. 2013. *Constitutional Change and Democracy in Indonesia, Problems of International Politics*. Cambridge: Cambridge University Press.

Huntington, Samuel P. 1968. *Political Order in Changing Societies*. New Haven: Yale University Press〔サミュエル・ハンチントン／内山秀夫訳『変革期社会の政治秩序』上下，サイマル出版会，1972 年〕.

Huntington, Samuel P. 1991. *The Third Wave: Democratization in the Late Twentieth Century*. Norman, Oklahoma: University of Oklahoma Press〔サミュエル・ハンチントン／坪郷實・中道寿一・藪野祐三訳『第三の波——20 世紀後半の民主化』山嶺書房，1995 年〕.

Hutchcroft, Paul D. 1991. "Oligarchs and Cronies in the Philippine State the Politics of Patrimonial Plunder." *World Politics* 43（03）: 414–450. doi: doi: 10.2307/2010401.

Hutchcroft, Paul D. 1998. *Booty Capitalism: The Politics of Banking in the Philippines*. Ithaca, NY: Cornell University Press.

Inata, Kana. 2021. "Protest, Counter-Protest and Organizational Diversification of Protest Groups." *Conflict Management and Peace Science* 38（4）: 434–456. doi: 10.1177/0738894219869916.

Institute of Policy Studies. 2011. IPS Post-Election Forum. Singapore: Institute of Policy Studies, Lee Kuan Yew School of Public Policy, National University of Singapore.

Institute of Policy Studies. 2015. Post-Election Conference 2015. Singapore: Institute of Policy Studies, Lee Kuan Yew School of Public Policy, National University of Singapore.

Iversen, Torben. 2010. "Democracy and Capitalism." In *The Oxford Handbook of the Welfare State*, edited by Francis G. Castles, Stephan Leibfried, Jane Lewis, Herbert Obinger and Christopher Pierson, 183–195. New York: Oxford University Press.

Iversen, Torben, and David Soskice. 2019. *Democracy and Prosperity: Reinventing Capitalism through a Turbulent Century*. Princeton, New Jersey: Princeton University Press.

Kasuya, Yuko. 2008. *Presidential Bandwagon: Parties and Party Systems in the Philippines*. Tokyo: Keio University Press.

Kasuya, Yuko, and Kota Mori. 2021. "Re-examining Thresholds of Continuous Democracy Measures." Contemporary Politics: 1–21. doi: 10.1080/13569775.2021.1993564.

Kawanaka, Takeshi. 2019. "Status Quo or Pluralism? Dominant Party Rule and People's Preferences in Singapore." *The Developing Economies* 57（4）: 311–336. doi: 10.1111/deve.12197.

Kawanaka, Takeshi, and Yasushi Hazama. 2016. *Political Determinants of Income Inequality in Emerging Democracies*. Singapore: Springer.

Keefer, Philip. 2007. "The Poor Performance of Poor Democracies." In *The Oxford Handbook of Comparative Politics*, edited by Carles Boix and Susan C. Stokes, 782–802. New York: Oxford University Press.

Khalik, Abdul. 2008. "Most voter lists remain invalid: Survey." *Jakarta Post*, 14 August.

Kitschelt, Herbert. 2000. "Linkages between Citizens and Politicians in Democratic Polities." *Comparative Political Studies* 33 (6–7): 845–879. doi: 10.1177/001041400003300607.

Kokpol, Orathai. 2002. "Electoral Politics in Thailand." In *Electoral Politics in Southeast & East Asia*, edited by Aurel Croissant, 277–297. Singapore: Friedrich-Ebert-Stiftung, Office for Regional Co-operation in Southeast Asia.

Kongkirati, Prajak. 2016. "Evolving Power of Provincial Political Families in Thailand: Dynastic Power, Party Machine and Ideological Politics." *South East Asia Research* 24 (3): 386–406. doi: 10.1177/0967828x16659570.

Kuhonta, Erik Martinez. 2008. "The Paradox of Thailand's 1997 'People's Constitution': Be Careful What You Wish For." *Asian Survey* 48 (3): 373–392. doi: 10.1525/as.2008.48.3.373.

Kuhonta, Erik Martinez. 2015. "Thailand's Feckless Parties and Party System: A Path-Dependent Analysis." In *Party System Institutionalization in Asia: Democracies, Autocracies, and the Shadows of the Past*, edited by Allen Hicken and Erik Martinez Kuhonta, 280–306. New York: Cambridge Univeristy Press.

Kuznets, Simon. 1955. "Economic Growth and Income Inequality." *The American Economic Review* 45 (1): 1–28.

Laakso, Markku, and Rein Taagepera. 1979. " 'Effective' Number of Parties: A Measure with Application to West Europe." *Comparative Political Studies* 12 (1): 3–27. doi: 10.1177/001041407901200101.

Lam Peng Er. 2011. "The Voters Speak: Voices, Choices and Implications." In *Voting in Change: Politics of Singapore's 2011 General Election*, edited by Kevin YL Tan and Terence Lee, 174–193. Singapore: Ethos Books.

Levitsky, Steven, and Lucan A. Way. 2010. *Competitive Authoritarianism: Hybrid Regime After the Cold War*. New York: Cambridge University Press.

Levitsky, Steven, and Lucan Way. 2015. "The Myth of Democratic Recession." *Journal of Democracy* 26 (1): 45–58.

Levitsky, Steven, and Daniel Ziblatt. 2018. *How Democracies Die*. London: Viking〔スティーブン・レビツキー，ダニエル・ジブラット著／濱野大道訳『民主主義の死に方――二極化する政治が招く独裁への道』新潮社，2018 年〕.

Lijphart, Arend. 1999. *Patterns of Democracy: Government Forms and Performance in Thirty-Six Countries*. New Haven: Yale University Press〔アレンド・レイプハル

ト／粕谷祐子・菊池啓一訳『民主主義対民主主義——多数決型とコンセンサス型の 36 カ国比較研究』第 2 版，勁草書房，2014 年〕.

Linz, Juan J. 2000. *Totalitarian and Authoritarian Regimes*. Boulder, Colorado: Lynne Rienner Publishers〔フアン・リンス／高橋進監訳『全体主義体制と権威主義体制』法律文化社，1995 年〕.

Linz, Juan J., and Alfred Stepan. 1996. *Problems of Democratic Transition and Consolidation: Southern Europe, South America, and Post-Communist Europe*. Baltimore: Johns Hopkins University〔フアン・リンス，アルフレッド・ステパン著／荒井祐介・五十嵐誠一・上田太郎訳『民主化の理論——民主主義への移行と定着の課題』一藝社，2005 年〕.

Lipset, Seymour Martin, and Stein Rokkan, eds. 1967. *Party Systems and Voter Alignments: Cross-National Perspectives*. New York: Free Press

Lührmann, Anna, Marcus Tannenberg, and Staffan I Lindberg. 2018. "Regimes of the World（row）: Opening New Avenues for the Comparative Study of Political Regimes." *Politics and Governance* 6（1）: 60. doi: 10.17645/pag.v6i1.1214.

MacIntyre, Andrew. 2001. "Institutions and Investors: The Politics of the Economic Crisis in Southeast Asia." *International Organization* 55（1）: 81–122.

Magaloni, Beatriz. 2006. *Voting for Autocracy: Hegemonic Party Survival and its Demise in Mexico, Cambridge Studies in Comparative Politics*. New York: Cambridge University Press.

Magaloni, Beatriz, and Ruth Kricheli. 2010. "Political Order and One-Party Rule." *Annual Review of Political Science* 13（1）: 123–143. doi: 10.1146/annurev.polisci.031908.220529.

Mainwaring, Scott, and Timothy R. Scully. 1995. "Introduction." In *Building Democratic Institutions: Party Systems in Latin America*, edited by Scott Mainwaring and Timothy R. Scully, 1–34. Stanford: Stanford University Press.

Mainwaring, Scott, and Edurne Zoco. 2007. "Political Sequences and the Stabilization of Interparty Competition: Electoral Volatility in Old and New Democracies." *Party Politics* 13（2）: 155–178. doi: 10.1177/1354068807073852.

Mainwaring, Scott, Daniel M. Brinks, and Aníbal Pérez-Liñán. 2007. "Classifying Political Regimes in Latin America, 1945–2004." In *Regimes and Democracy in Latin America*, edited by Gerardo L. Munk, 123–160. New York: Oxford University Press.

Marshall, Monty G., and Ted Robert Gurr. 2020. Polity 5: Political Regime Characteristics and Transitions, 1800–2018. Center for Systemic Peace.

Martínez i Coma, Ferran, and Ignacio Lago. 2018. "Gerrymandering in Comparative Perspective." *Party Politics* 24（2）: 99–104. doi: 10.1177/1354068816642806.

Mauzy, Diane K., and R. S. Milne. 2002. *Singapore Politics under the People's Action Party*. Vol.: hbk, *Politics in Asia series*. London: Routledge.

McCargo, Duncan. 2014. "Competing Notions of Judicialization in Thailand 1." *Contem-*

porary Southeast Asia 36 (3): 417–441. doi: 0009787525; 10,1355/cs36–3d.

McCoy, Alfred W. ed. 1993. *An Anarchy of Families: State and Family in the Philippines*. Wisconsin: Center for Southeast Asian Studies, University of Wisconsin-Madison.

Meltzer, Allan H., and Scott F. Richard. 1981. "A Rational Theory of the Size of Government." *Journal of Political Economy* 89 (5): 914–927.

Mietzner, Marcus. 2010. "Political Conflict Resolution and Democratic Consolidation in Indonesia: The Role of the Constitutional Court." *Journal of East Asian Studies* 10 (3): 397–424. doi: 10.1017/S1598240800003672.

Mietzner, Marcus. 2012. "Indonesia's Democratic Stagnation: Anti-Reformist Elites and Resilient Civil Society." *Democratization* 19 (2): 209–229.

Mietzner, Marcus. 2014. "Oligarchs, Politicians, and Activists: Contesting party Politics in Post-Suharto Indonesia." In *Beyond Oligarchy: Wealth, Power, and Contemporary Indonesian Politics*, edited by Michele Ford and Thomas B. Pepinsky, 99–116. Ithaca, New York: Southeast Asian Program, Cornell University.

Møller, Jørgen, and Svend-Erik Skaaning. 2011. "Stateness First?" *Democratization* 18 (1): 1–24. doi: 10.1080/13510347.2011.532607.

Muhammed Abdul Khalid, and Li Yang. 2019. Income Inequality and Ethnic Cleavages in Malaysia: Evidence from Distributional National Accounts (1984–2014). World Inequality Lab.

Nelson, Michael H. 2001. "Thailand." In *Elections in Asia and the Pacific: Volume 2, A Data Handbook, South East Asia, East Asia, and the South Pacific*, edited by Dieter Nohlen, Florian Grotz and Christof Hartmann, 261–320. New York: Oxford University Press.

Ng, Irene Y. H. 2013. "The Political Economy of Intergenerational Income Mobility in Singapore." *International Journal of Social Welfare* 22 (2): 207–218. doi: 10.1111/j.1468–2397.2012.00887.x.

Norris, Pippa, and Ronald Inglehart. 2019. *Cultural Backlash: Trump, Brexit, and Authoritarian Populism*. Cambridge: Cambridge University Press.

Ockey, James. 1994. "Political Parties, Factions, and Corruption in Thailand." *Modern Asian Studies* 28 (02): 251–277. doi: 10.1017/S0026749X00012403.

O'Donnell, Guillermo A. 1994. "Delegative Democracy." *Journal of Democracy* 5 (1): 55–69.

Ong, Jonathan Corpus, Ross Tapsell, and Nicole Curato. 2019. *Tracking Digital Disinformation in the 2019 Philippine Midterm Election*. Canberra: New Mandala.

Ong, Kian-Ming, Yuko Kasuya, and Kota Mori. 2017. "Malapportionment and democracy: A curvilinear relationship." *Electoral Studies* 49: 118–127. doi: 10.1016/j.electstud.2017.06.004.

Ostwald, Kai. 2013. "Malaysian Elections, Malapportionment, and Redelineation." *New Mandala*, Decmber 28, 2013.

Pietsch, Juliet. 2015. "Authoritarian Durability: Public Opinion towards Democracy in Southeast Asia." *Journal of Elections, Public Opinion and Parties* 25（1）: 31–46. doi: 10.1080/17457289.2014.933836.

Poushter, Jacob, Caldwell Bishop, and Hanyu Chwe. 2018. *Social Media Use Continues to Rise in Developing Countries but Plateaus Across Developed Ones*. Pew Research Center.

Przeworski, Adam. 1991. *Democracy and the Market: Political and Economic Reforms in Eastern Europe and Latin America, Studies in Rationality and Social Change*. New York: Cambridge University Press.

Przeworski, Adam. 1999. "Minimalist Conception of Democracy: A Defense." In Democracy's Value, edited by Ian Shapiro and Casiano Hacker-Cordon, 23–55. New York: Cambridge University Press.

Przeworski, Adam. 2018. *Why Bother with Elections?* Cambridge: Polity〔アダム・プシェヴォスキ／粕谷祐子・山田安珠訳『それでも選挙に行く理由』白水社, 2021 年〕.

Przeworski, Adam. 2019. *Crises of Democracy*. New York: Cambridge University Press.

Przeworski, Adam, Michael E. Alvarez, Jose Antonio Cheibub, and Fernando Limongi. 2000. *Democracy and Development: Political Institutions and Well-Being in the World, 1950—1990*. New York: Cambridge University Press.

Raina, Ajay. 2016. "Why There Are No Partisan Turnovers in Malaysia." *A Perspective* 56（5）: 833–858. doi: 10.1525/as.2016.56.5.833.

Ricks, Jacob. 2018. "Politics and the Price of Rice in Thailand: Public Choice, Institutional Change and Rural Subsidies." *Journal of Contemporary Asia* 48（3）: 395–418. doi: 10.1080/00472336.2017.1419275.

Rieger, Hans Christoph. 2001. "Singapore." In *Elections in Asia and the Pacific: A Data Handbook, Volume 2, South East Asia, East Asia, and the South Pacific*, edited by Dieter Nohlen, Florian Grotz and Christof Hartmann, 239–260. New York: Oxford University Press.

Rivera, Temario C. 1994. *Landlords and Capitalists: Class, Family, and State in Philippine Manufacturaing*. Quezon City: CIDS, University of the Philippines.

Robison, Richard, and Vedi R. Hadiz. 2004. *Reorganising Power in Indonesia: the Politics of Oligarchy in an Age of Markets, RoutledgeCurzon/City University of Hong Kong South East Asian Studies*. New York: RoutledgeCurzon.

Rüland, Jürgen. 2001. "Indonesia." In *Elections in Asia and the Pacific: A Data Handbook, Volume 2, South East Asia, East Asia, and the South Pacific*, edited by Dieter Nohlen, Florian Grotz and Christof Hartmann, 83–128. New York: Oxford University Press.

Saravanamuttu, Johan. 2013. "The New Economic Policy, New Malay Middle Class and the Politics of Reform." In *The New Economic Policy in Malaysia: Affirmative Ac-*

tion, Ethnic Inequalities and Social Justice, edited by Edmund Terence Gomez and Johan Saravanamuttu, 335–358. Singapore: National University of Singapore Press.

Schedler, Andreas, ed. 2006. *Electoral Authoritarianism: The Dynamics of Unfree Competition*. London: Lynne Rienner Publishers.

Schleiter, Petra, and Alisa Voznaya. 2016. "Party System Institutionalization, Accountability and Governmental Corruption." *British Journal of Political Science* 48 (2): 315–342. doi: 10.1017/S0007123415000770.

Shamsul, A. B. 1988. "The 'Battle Royal': the UMNO Elections of 1987." *Southeast Asian Affairs*: 170–188.

Sidel, John T. 1999. *Capital, Coercion and Crime: Bossism in the Philippines*. Stanford, CA: Stanford University Press.

Sidel, John T. 2005. "Bossism and Democracy in the Philippines, Thailand and Indonesia: Towards an Alternative Framework for the Study of 'Local Strongmen'." In *Politicising Democracy*, edited by John Harriss, Kristian Stokke and Olle Törnquist. London: Palgrave Macmillan.

Solt, Frederick. 2019. The Standardized World Income Inequality Database, Versions 8–9. Harvard Dataverse.

Stokes, Susan C. 2007. "Political Clientelism." In *The Oxford Handbook of Comparative Politics*, edited by Carles Boix and Susan C. Stokes, 604–627. New York: Oxford University Press.

Sukma, Rizal. 2010. "Indonesia's 2009 Elections: Defective System, Resilient Democracy." In *Problem of Democratization in Indonesia: Elections, Institutions and Society*, edited by Edward Aspinall and Marcus Mietzner, 53–74. Singapore: Institute of Southeast Asian Studies.

Svolik, Milan W. 2019. "Polarization versus Democracy." *Journal of Democracy* 30 (3): 20–32. doi: 10.1353/jod.2019.0039.

Svolik, Milan W. 2020. "When Polarization Trumps Civic Virtue: Partisan Conflict and the Subversion of Democracy by Incumbents." *Quarterly Journal of Political Science* 15 (1): 3–31. doi: 10.1561/100.00018132.

Syjucom, Miguel. 2016. "Why Filipinos Are Voting for a New 'Dictator'," *New York Times*, May 6, 2016. http://www.nytimes.com/2016/05/07/opinion/why-filipinos-are-voting-for-a-new-dictator.html.

Tadem, Teresa, S. Encarnacion, and Eduardo C. Tadem. 2016. "Political Dynasties in the Philippines: Persistent Patterns, Perennial Problems." *South East Asia Research* 24 (3): 328–340. doi: 10.1177/0967828X16659730.

Tan, Kevin. 2001. "Malaysia." In *Elections in Asia and the Pacific: A Data Handbook, Volume 2, South East Asia, East Asia, and the South Pacific*, edited by Dieter Nohlen, Florian Grotz and Christof Hartmann, 143–184. New York: Oxford Unviersity Press.

Tan, Netina. 2015. "Institutionalized Succession and Hegemonic Party Cohesion in Sin-

gapore." In *Party System Institutionalization in Asia: Democracies, Autocracies, and the Shadows of the Past*, edited by Allen Hicken and Erik Martinez Kuhonta, 49–73. New York: Cambridge University Press.

Teehankee, Julio C. 2013. "Clientelism and Party Politics in the Philippines." In *Party Politics in Southeast Asia: Clientelism and Electoral Competition in Indonesia, Thailand and the Philippines*, edited by Dirk Tomsa and Andreas Ufen, 186–214. New York: Routledge.

Teorell, Jan, Nicholas Charron, Stefan Dahlberg, Sören Holmberg, Bo Rothstein, Petrus Sundin, and Richard Svensson. 2013. The Quality of Government Datase. edited by University of Gothenburg: The Quality of Government Institute.

Teorell, Jan, Stefan Dahlberg, Sören Holmberg, Bo Rothstein, Natalia Alvarado Pachon, and Richard Svensson. 2019. The Quality of Government Standard Dataset. University of Gothenburg: The Quality of Government Institute.

Thelen, Kathleen. 1999. "Historical Institutionalsm in Comparative Politics." *Annual Review of Political Science* 2（1）: 369–404. doi: 10.1146/annurev.polisci.2.1.369.

Tomsa, Dirk, and Charlotte Setijadi. 2018. "New Forms of Political Activism in Indonesia: Redefining the Nexus between Electoral and Movement Politics." *Asian Survey* 58（3）: 557–581. doi: 10.1525/as.2018.58.3.557.

Tsebelis, George. 2002. *Veto Players: How Political Institutions Work*. Princeton, N. J.: Princeton University Press〔ジョージ・ツェベリス／眞柄秀子・井戸正伸監訳『拒否権プレイヤー――政治制度はいかに作動するか』早稲田大学出版部, 2009 年〕.

Ufen, Andreas. 2008a. "From 'Aliran' to Dealignment: Political Parties in post-Suharto Indonesia." *South East Asia Research* 16（1）: 5–41. doi: 10.5367/000000008784108149.

Ufen, Andreas. 2008b. "Political Party and Party System Institutionalization in Southeast Asia: Lessons for Democratic Consolidation in Indonesia, the Philippines and Thailand." *Pacific Review* 21（3）: 327–350. doi: 10.1080/09512740802134174.

Ufen, Andreas. 2012. "Party Systems, Critical Junctures, and Cleavages in Southeast Asia." *Asian Survey* 52（3）: 441–464. doi: 10.1525/as.2012.52.3.441.

Ufen, Andreas. 2013. "Lipset and Rokkan in Southeast Asia: Indonesia in Comparative Perspective." In *Party Politics in Southeast Asia: Clientelism and Electoral Competition in Indonesia, Thailand and the Philippines*, edited by Dirk Tomsa and Andreas Ufen, 40–61. New York: New York.

United Nations, Department of Economic and Social Affairs, Population Division. 2018. World Urbanization Prospects: The 2018 Revision, custom data acquired.

United Nations Develpment Programme. 2019. Human Development Data 1990–2017.

Waldner, David, and Ellen Lust. 2018. "Unwelcome Change: Coming to Terms with Democratic Backsliding." *Annual Review of Political Science* 21（1）: 93–113. doi:

10.1146/annurev-polisci–050517–114628.

Washida, Hidekuni. 2019. *Distributive Politics in Malaysia: Maintaining Authoritarian Party Dominance*. New York: Routledge.

Weingast, Barry R. 1997. “The Political Foundations of Democracy and the Rule of Law.” *American Political Science Review* 91 (2): 245–263.

Weingast, Barry R. 2002. “Rational-Choice Institutionalism.” In *Political Science: State of the Discipline*, edited by Ira Katznelson and Helen V. Milner, 660–692. New York: W. W. Norton & Company.

Weiss, Meredith L. 2014. “Of Inequality and Irritation: New Agendas and Activism in Malaysia and Singapore.” *Democratization* 21 (5): 867–887. doi: 10.1080/13510347.2014.910764.

Weiss, Meredith L. 2015. “The Antidemocratic Potential of Party System Institutionalization: Malaysia as Morality Tale?” In *Party System Institutionalization in Asia: Democracies, Autocracies, and the Shadows of the Past*, edited by Allen Hicken and Erik Martinez Kuhonta, 25–48. New York: Cambrige University Press.

Winters, Jeffrey A. 2011. *Oligarchy*. New York: Cambridge University Press.

Winters, Jeffrey A. 2014. “Oligarchy and Democracy in Indonesia.” In *Beyond Oligarchy: Wealth, Power, and Contemporary Indonesian Politics*, edited by Michele Ford and Thomas B. Pepinsky, 11–33. Ithaca, New York: Southeast Asian Program, Cornell University.

Wurfel, David. 1988. *Filipino Politics: Development and Decay*. Ithaca, New York: Cornell University Press〔デイビッド・ワーフェル／大野拓司訳『現代フィリピンの政治と社会――マルコス戒厳令体制を超えて』明石書店，1997 年〕.

Zakaria, Fareed. 1997. “The Rise of Illiberal Democracy.” *Foreign Affairs* 76 (6): 22–43. doi: 10.2307/20048274.

注　　記

第 **1** 章　民主主義を分析する

（1）本書は，ミニマリストと呼ばれる限定的な定義を主張する立場に共感しつつ（Przeworski 1999），民主主義の後退と呼ばれる現象を理解するために，市民的自由を加える必要があると考える。なお，権力者が選挙結果に従って市民の利益を最優先にし，選挙によって与えられる正統性を持たない他の政治勢力，たとえば軍やその他の特定の集団（宗教的権威，王室，あるいは外国勢力）の影響を排除すること（市民への応答性）をさらに要件として加える主張もある。Mainwaring, Brinks, and Pérez-Liñán（2007）.

（2）Dahl（1971）.

（3）Przeworski（2019）; Mainwaring, Brinks, and Pérez-Liñán（2007）.

（4）Huntington（1991）.

（5）Coppedge et al.（2021）.

（6）そもそも民主主義の度合いや権威主義の度合いを示す指標は，人口や面積のように物理的な指標ではないので，どのように作ってもあくまで目安にすぎないが，本書の定義に比較的近い基準を用いた V-Dem のデータセットを，以下，必要に応じて利用する。

（7）そもそも連続変数の V-Dem の指標で，民主主義として認められる基準をどこに置くかは悩ましい。ここでは V-Dem 主催者の基準を採用する（Lührmann, Tannenberg, and Lindberg 2018）。これに対しては V-Dem 選挙指標で 0.39 を基準にすべきとする有力な主張がある（Kasuya and Mori 2021）。

（8）Levitsky and Way（2015）.

（9）ステーブン・レビツキーとダニエル・ジブラットは，アメリカ民主主義の衰退を，これまで確立されてきた慣習，制度の機能低下によって説明している（Levitsky and Ziblatt 2018）。

（10）Huntington（1968）.

（11）Przeworski（1991）.

（12）Magaloni（2006）.

（13）Levitsky and Way（2010）.

（14）民主主義制度が社会経済的平等をもたらさないことをもって，その体制が民主主義でない，ということを意味しない。政治体制としては先述の外形的な基準を満たせばあくまで民主主義である。その民主主義がどのような

帰結をもたらすとしても，その帰結自体を基準に含めることにはならない。

(15) V-Dem は各指標を用いて 4 つの政治体制の類型，すなわち，(1) 閉鎖的権威主義，(2) 選挙権威主義，(3) 選挙民主主義，(4) 自由民主主義に各国を分類している (Lührmann, Tannenberg, and Lindberg 2018)。この分類でみると独立後のインドネシア，フィリピン，立憲革命以後のタイは，閉鎖的権威主義から選挙権威主義の範囲で変動している一方，独立後のマレーシアとシンガポールは選挙権威主義が一貫して維持されている（民族暴動直後のマレーシアが閉鎖的権威主義だった短期間を除く）。

第 2 章　政治体制の形成

(1) ダロン・アセモグルとジェイムズ・ロビンソンは，歴史的な展開のなかで，国家と社会の関係性を軸に自由が確保される機会について議論している (Acemoglu and Robinson 2019)。

(2) 社会の亀裂に関する研究レビューとして，間 (2006) 参照。

(3) 歴史的制度論は，その後の制度の展開を決める歴史上のポイントを「重大な分岐点」と呼ぶが (Thelen 1999)，本書がここで示しているのは，その後の政治の動き，いわば政治のゲームが展開される前提条件として外生的に与えられた構造である。

(4) 東南アジア政治を歴史的な背景から説明したものとして，川中・川村編 (2020)，粕谷編 (2022) を参照。

(5) ここで地方エリートとは，特定の地域に勢力を持つエリートということであり，それは都市や農村といった地理的な位置づけとは関係ない。

(6) Anderson (1988).

(7) Stokes (2007).

(8) Abinales and Amoroso (2005).

(9) 政党間にそれほど大きな違いのない緩やかな地方政治家の連合体としての政党システムも，19 世紀後半のアメリカの政党システムと高い類似性を持っている (岡山 2020)。

(10) Lijphart (1999).

(11) Ufen (2012).

(12) 村嶋 (1996)。

(13) Kuhonta (2015).

(14) 萩原 (1996)。

(15) Lijphart (1999).

(16) シンガポールでは独立に向けて民主主義が成立しつつあったが，1963 年のマレーシアとの統合に際して，それが権威主義に転換した。それは 1968 年の独立後最初の総選挙で完成した。

(17) Linz and Stepan (1996). ただし，国民国家の確立が民主主義の定着に必ずしも必要でないこともある，という議論もある (Møller and Skaaning 2011)。

(18) Huntington (1968).
(19) Wurfel (1988).
(20) 村嶋 (1987)。
(21) 末廣 (1993)。
(22) Geddes (1999).
(23) Geddes (1999).
(24) Hutchcroft (1998).
(25) Tadem and Tadem (2016). 地方の特定家族による支配の詳細な事例研究として, McCoy (1993); Sidel (1999) が代表的である。
(26) 政党システムの制度化については第5章で詳述するが, 政党が社会の亀裂を反映し, 社会の特定の集団と密接な関係を持ち, 安定的に競争する状態を意味する。これは特定個人に政党がコントロールされたり, 政党が頻繁に生まれたり, 消滅したりしないことも含む。
(27) Kasuya (2008).
(28) 一方, ドナルド・ホロビッツは, インドネシアの民主化の特徴を, (1) すでに権威主義体制で一定程度の役割を担ったインサイダーによる改革, (2) 憲法改正の前に選挙をおこなうことで政治的競争が先に出現した, (3) 数年に及ぶ長い時間をかけた改革だった, と整理している。こうした特徴が安定的な民主化を可能にしたと評価している。Horowitz (2013).
(29) ただし, 近年の制度改革には, 既存政治勢力の権力保持の傾向がうかがえる。2019年からは大統領選挙と議会選挙を同時に実施することにし, それまでの議会での所属政党の議席割合を大統領の立候補要件にした選挙法の改正は, 新規参入者を排除する政党の政治カルテルの進行とみることができよう。
(30) 粕谷 (2010)。
(31) 川村 (2012)。
(32) Mietzner (2010).
(33) Butt (2011).
(34) Robison and Hadiz (2004); Winters (2011, 2014); Hadiz and Robison (2014).
(35) Hadiz (2010); 岡本 (2015)。
(36) Mietzner (2014).
(37) Kuhonta (2015).
(38) Anek Laothamatas (1988).
(39) Sidel (2005); Kongkirati (2016).
(40) Kuhonta (2015).
(41) Ockey (1994).
(42) Hicken (2009).
(43) 重冨 (2018)。

第3章　民主主義の不安定化

（1）権威主義体制でも大衆蜂起で政権に抵抗することがあるが，これはそもそも競争が制限されているなかでの行動なので，論理的には民主主義における制度を逸脱した競争とは異なる。ただし，均衡からの離脱という点では権威主義においても民主主義においても同様の論理で説明できる。権威主義について，詳細は第4章で扱う。

（2）Przeworski（1991）.

（3）Przeworski（1991）.

（4）Przeworski（2018）.

（5）Lijphart（1999）.

（6）Lijphart（1999）. ただし，2つの分類はあくまで理念型であり，実際の政治制度はこの2つのタイプの要素が混合している。

（7）Tsebelis（2002）.

（8）MacIntyre（2001）.

（9）いわゆるデュベルジェの法則は，小選挙区制が二大政党制を生みやすくするというものだが，くわえて，タイの1997年憲法が首相の立場を強くしたことが，政党数の減少と政党規律の向上に重要な意味を持つ。個々の政治家にとって，まとまって議席数を獲得し，首相を選出する政党に自分が入るインセンティブが高まったのである（Hicken 2009）。

（10）野党提案の政権に対する不信任決議案が議会に提出されても，それに与党の議員が賛成すると党を除名になり，そこで議会が解散されれば60日以内に実施される選挙では，新党を作ろうが野党に加わろうが，立候補資格である政党所属90日以上をクリアできず立候補が不可能となる。確実に公職を失うのである。

（11）有効政党数とは，政党の数だけでなく，そこに議席の獲得割合の重みをつけて政党数を表現する指標である（Laakso and Taagepera 1979）。計算式は以下のようになる。

$$N=\frac{1}{\sum_{i=1}^{n} S_i^2}$$

たとえば2つの政党でも半分ずつ議席を分け合っていれば有効政党数は2だが，もし，その割合が30%と70%であれば，1.72になる。

（12）川村（2012）。

（13）Kuhonta（2008）.

（14）民主化以前は一院制だったが，これが二院制となり，このうち下院にあたる国民議会のほうが強い権限を持つ。

（15）ただし，2019年の選挙からは議会選挙と大統領選挙が同時に実施されるようになったため，この要件は新規参入政党に不利となり，既存政党の権力をめぐるカルテル化に資するものとなった。

(16) 議席獲得割合の重みをつけ，有効政党数を計算すると平均して6.8という数値になる。これは東南アジアのなかでは顕著に高い。

(17) それには3つのメカニズムが考えられる。一つは，選挙管理機関の直接的な抑制効果である。選挙管理機関が選挙不正を防ぐ手立てを整えることで選挙不正が減少する。二つめは，選挙不正が発生したとしても，選挙管理機関が選挙不正の情報を公にすることによる効果である。選挙不正の情報が人々に共有されれば，勝者の正統性が揺らぐ。正統性を欠いた権力に対しては人々の不服従が見込まれるため，不正を控えるインセンティブを与える。三つめは，選挙管理機関が，選挙に参加するプレーヤーのお互い選挙不正しないという約束を保証する代理人となる。これは「囚人のジレンマ」の解消である。選挙不正が適切に監視されれば，相手方の公正な選挙へのコミットが確保され，自分も不正に関わらないというインセンティブが高まる。プレーヤーどうしが裏切る均衡から協力する均衡に移行する（コミットメント問題の解消）という理解である（Weingast 2002）。

(18) 川中（2013, 2017）。

(19) Kokpol（2002）.

(20) Chambers（2006）.

(21) タイにおける司法の政治的役割については，外山（2020）が詳しい。

(22) Khalik（2008）; Sukma（2010）; Mietzner（2012）.

(23) もうひとつ重要なコストとして，対外コストがある。冷戦の終結後，アメリカは，反共であれば権威主義を許容するというようなことはせず，人権問題への関心が高まり，人権抑圧，さらには民主主義から離脱した場合，制裁を課す可能性が高まった。ただ，中国の台頭やロシアの存在感の増大で，対外コスト自体は低下しつつある。東南アジアでは，とくに権威主義を容認する中国の存在が，権威主義に転換する権力者にとっては心強いだろう。

(24) Weingast（1997）.

(25) 川村（2020）。

(26) 実際の抵抗運動は，調整問題のみでなく，抵抗する集団の戦略のあり方にも影響を受け，また，社会に存在する集団の選好の違いや，抵抗運動へ政権側に立って抵抗する集団の有無などの可能性にも左右される。こうした問題の理論的考察として，Inata（2021）参照。

(27) Bueno de Mesquita et al.（2003）. 選択民理論については，浅古（2018）の説明が簡潔でわかりやすい。

(28) 粕谷祐子は，1935年憲法が大統領の再選を認めていたのに対し，1987年憲法が大統領の再選禁止を設けたため，政党システムの制度化がいっそう阻害されたと議論している（Kasuya 2008）。

(29) こうした行動に参加した人々の65%が富裕層・中間層によって構成されているとの調査結果がある（Banzon-Bautista 2001）。

(30) Bates (1981).
(31) David (2003).
(32) 川中 (2011)。
(33) 重冨 (2018)。
(34) Hicken (2009).
(35) 以下，タイの政治事件の記述については，アジア経済研究所編『アジア動向年報』(各年版) を参照した。
(36) 青木 (岡部)・重冨 (2007)。
(37) タイの憲法裁判所，選挙管理委員会の党派的行動のもたらした法の支配への問題については，McCargo (2014) 参照。
(38) 今泉 (2011)。
(39) 青木 (岡部) (2015)。
(40) 重冨 (2018)。

第4章　選挙が支える権威主義

(1) 比較政治学における代表的な政治体制の分類は，かつては民主主義，全体主義，権威主義の3つであった (Linz 2000)。しかし，全体主義に該当する政治体制の存在が小さくなり，政治的自由が抑圧される政治体制は合わせて権威主義として理解することが一般的になっている。
(2) Marshall and Gurr (2020).
(3) Coppedge et al. (2021).
(4) 一方，二分的分類も計量分析において有用な場合があり，代表的なものとして Cheibub, Gandhi, and Vreeland (2010) がよく知られている。
(5) Lührmann, Tannenberg, and Lindberg (2018).
(6) Schedler (2006).
(7) Zakaria (1997).
(8) Levitsky and Way (2010)
(9) Geddes (1999); Geddes, Wright, and Frantz (2018). このほかに王政という権威主義のタイプも想定されるが，王政の権威主義に占める割合は1990年代以降少なく，ここでは議論の対象から外す。
(10) Frantz (2018). この議論は，ゲデスの研究を発展させたものである (Geddes 1999)。
(11) Frantz (2018). 内訳は権力者の死亡が20%，外部の圧力による崩壊が10%，外国の介入による崩壊が5%とされている。
(12) Gandhi (2008).
(13) Bueno de Mesquita et al. (2003).
(14) 逆にいえば，個人支配のもとで権威主義が確立された後につくられた政党には，そこまでの機能を期待できない。権力者個人との人間関係が組織的な合理性より優先されるからである。

(15) Brownlee (2007); Magaloni and Kricheli (2010); Boix and Svolik (2013).

(16) 権威主義体制における権力維持戦略には，取り込みとは別に抑圧という選択肢もある。こうした戦略のメリット，デメリットについては，Haber (2006) 参照。

(17) Magaloni (2006).

(18) Magaloni (2006); Brownlee (2007).

(19) Levitsky and Way (2010).

(20) Marshall and Gurr (2020).

(21) Cheibub, Gandhi, and Vreeland (2010).

(22) Pietsch (2015).

(23) なお，2010 年の V-Dem でのタイの選挙民主主義指標はマレーシアより高く，シンガポールと同じレベルである。また，ポリティでのタイのスコアは 4 であり，ポリティの基準では中間政体ということになる。一方，CGV は，2008 年のタイを民主主義に分類しており，2010 年のデータはないもののタイの状況が大きく変わらないことを考慮すると，その基準では民主主義に含まれていると推測される (Cheibub, Gandhi, and Vreeland 2010)。

(24) 後述するようにマレーシアの連邦制は，中央政府への依存が高い仕組みになっている。

(25) ダイアン・マウジーと R・S・ミルンの研究がシンガポール政治を包括的に取り扱った代表的なものである (Mauzy and Milne 2002)。シンガポールの記述についてはこの研究に多くを負っている。

(26) 以下，シンガポールの選挙システムと政党支配の権威主義の関係については，川中 (2018) をもとにしている。

(27) しかも，大統領選挙への立候補資格が厳格なため，PAP が望む候補以外の立候補を阻止できる。

(28) Gallagher (1991).

(29) 選挙区選出の議員のほかに 12 名枠の非選挙区議員 (NCMPs) と 9 名の任命議員 (NMPs) がある。

(30) たとえば，汚職レベルについて各国比較のデータを提供している Transparency International の指標では，2020 年時点で，シンガポールはニュージーランド，デンマークにつぎ，フィンランド，スイス，スウェーデンと並んで世界第 3 位の汚職の少なさと評価されている (https://www.transparency.org/en/cpi/2020/index/nzl)。

(31) 新しい世代が多元的な政治を求める選好を持っていることを実証的に示したものとして，Kawanaka (2019) を参照。

(32) Institute of Policy Studies (2011, 2015).

(33) 中村 (2018a)；鈴木 (2018)。

(34) 歴史的な経緯のなかで，マレー系と華人の利益調整の制度が整えられていた。1949 年設置の民族連絡委員会 (CLC) がその出発点である。これは，

華人を共産主義勢力から切り離すためであり，MCA 自体もイギリスのそうした思惑から設立された。実際の UMNO-MCA の政治的連携が生まれたのは，クアラルンプール市評議会選挙（1952 年）であり，その勝利の経験から，小選挙区制でも同様の戦略をとった。1955 年の連邦立法評議会で UMNO-MCA-MIC が圧勝し，このとき権力分有が確立した（中村 2015）。

(35) もちろん，UMNO の内にも競争は存在してきた。1988 年にマハティールのグループに対抗してラザライ率いるグループ（Semangat 46）が党を割ったこともあった。しかし，選挙で十分議席を確保することができず，結局，消滅している。UMNO 内の派閥競争の起源については，Shamsul（1988）参照。

(36) 与党連合による憲法改正の容易さも重要である。実際，マレーシアはかなり頻繁に憲法改正をおこなってきた（鳥居・竹下 1996）。とくに 1971 年の改正による市民権，マレー語の地位，マレー人の特別な地位，スルタンの地位などを公の場で議論することを禁止する改正，1988 年の司法に対する執政府の優越性の確立などは政権の維持にとって重要な意味を持つ。

(37) 中村（2015）。

(38) 中村（2015）は，くわえて，党首と党幹部の間で自分の裁量によってコントロールできる利権の差が大きくないことが重要と指摘する。現在，十分な利得を確保できているのであれば，あえてリスクを冒して権力を取ることの意味が小さくなる。

(39) 2012 年後半から 2015 年前半までの期間を対象とし，専門家の評価をもとにしている。Martínez i Coma and Lago（2018）.

(40) Washida（2019）; Ong, Kasuya, and Mori（2017）; The ACE Electoral Knowledge Network; Ostwald（2013）.

(41) 中村（2018b）。

第 5 章　民主主義と社会経済的格差

(1) Przeworski et al.（2000）.

(2) Acemoglu et al.（2019）.

(3) Boix and Stokes（2003）.

(4) Boix 2003; Acemoglu and Robinson（2006）.

(5) Boix（2003）.

(6) Meltzer and Richard（1981）.

(7) Acemoglu and Robinson（2006）.

(8) Meltzer and Richard（1981）.

(9) Solt（2019）。V-Dem の分類で選挙民主主義が 11 カ国，自由民主主義が 1 カ国。

(10) Kawanaka and Hazama（2016）.

(11) Solt（2019）.

（12）なお，2010年時点での東南アジア5カ国のジニ係数の平均は0.42，それ以外の国々（164カ国）の平均は0.39であり，国際的にみると，この5つの国の平均は比較的高い。
（13）Solt（2019）.
（14）Kuznets（1955）.
（15）Kawanaka and Hazama（2016）.
（16）以下，理論的な枠組みの詳細は，Kawanaka and Hazama（2016）を参照。
（17）Iversen（2010）.
（18）Keefer（2007）.
（19）Mainwaring and Scully（1995）.
（20）逆に政党システムが制度化されていれば，政策や統治に関して，政党の責任が明確にされ，次の選挙を意識することで，統治の質の改善も見込まれ，その効果を実証的に示す研究もある。たとえば，Schleiter and Voznaya（2016）を参照。
（21）選好の多次元性は民族的分裂度合い（ethnic fractionalization），政治市場の不完全性は最大野党の生存年数（政党システムの制度化の代理変数），そして，国家の統治能力はTeorell et al.（2013）の統治能力指数によって代替し，検証した。それぞれの効果が確認されたが，効果は直線的ではなく，いくつかの留保もある。詳細は，Kawanaka and Hazama（2016）を参照。
（22）Alatas and Wai-Poi（2015）.
（23）Hadiz and Robison（2014）; Winters（2014）.
（24）Ufen（2013）.
（25）Ford and Pepinsky（2014）.
（26）McCoy（1993）; Rivera（1994）; Hutchcroft（1991, 1998）.
（27）それは，その前のラモス政権によって進められた経済自由化に対する揺り戻しと理解できる。1992年に大統領に就任したラモスは，経済の自由化を進め，経済成長を目指した。経済成長は貧困の解消に貢献したものの，一方で，社会経済的な格差は依然として大きいままであった。ラモスは社会政策を軽視したわけではなかったが，その政策には限界があった。
（28）Balisacan（2001, 2003）.
（29）Hewison（2014）.
（30）Ricks（2018）.
（31）Bates（1981）.
（32）ジェイコブ・リックスは，コメ価格への政府の介入を政治制度の影響によるものとして説明している。1980年までの権威主義においては，コメ価格を低く抑える都市偏重がみられ，その後，2000年までは，連記投票制で集票に重要な役割を果たす仲介者に利益を与える政策，そして，2001年以降は，小選挙区制，比例代表制を意識して，農民に直接利益を与えるコメ価格引き上げの介入がみられるとする（Ricks 2018）。

(33) Hicken (2015).
(34) Kuhonta (2015).
(35) Hicken and Kuhonta (2015); Weiss (2015).
(36) Muhammed Abdul Khalid and Li Yang (2019).
(37) Gomez, Saravanamuttu, and Mohamad (2013).
(38) Saravanamuttu (2013); Weiss (2014).
(39) ネティナ・タンが，シンガポールの政党システムの制度化をめぐる論点を整理している (Tan 2015)。
(40) Lam Peng Er (2011).
(41) Ng (2013).
(42) Ho (2010).

第6章　パーソナリティと分極化の政治

(1) Kitschelt (2000).
(2) 西ヨーロッパにおける低下する政党システムの制度化については，Chiaramonte and Emanuele (2017) 参照。ステーブン・レビツキーとダニエル・ジブラットはアメリカにおける民主主義の衰退を描いたが，そこでの重要な問題として政党のゲートキーパーとしての機能低下を指摘している (Levitsky and Ziblatt 2018)。
(3) 東南アジアの政治とソーシャルメディアについて邦語での紹介としては，見市・茅根 (2020) 参照。
(4) Lipset and Rokkan (1967).
(5) Mainwaring and Zoco (2007).
(6) 情報技術の推進が社会経済構造の変容を生み出し，それが先進民主主義国の政治に影響を与えることを議論したものとして，Boix (2019); Iversen and Soskice (2019); Norris and Inglehart (2019) がそれぞれ包括的な議論を提示している。これらを比較し紹介したものとして，川中 (2021) 参照。
(7) O'Donnell (1994).
(8) Svolik (2019, 2020).
(9) Mainwaring and Zoco (2007).
(10) Hicken and Kuhonta (2011, 2015).
(11) 東南アジアで政党システムの制度化の度合いを示す標準的な指標はいまのところ存在しない。2つの大きなデータセットの一部にその指標が含まれているが，2つのデータセットの間での評価の乖離が大きい。Teorell et al. (2019); Coppedge et al. (2021) 参照。ヒッケンとクホンタは選挙における得票の変動 (electoral volatility) を計算しているが，たとえばフィリピンなど党籍変更や政党の離合集散の大きいところで有効な数値を計算するのはかなり難しい (Hicken and Kuhonta 2011, 2015)。東南アジアの5カ国でいえば，観察によるより質的な評価で比較するほうが現実的と思われる。

(12) Teehankee (2013).

(13) Ufen (2008b); Kuhonta (2015).

(14) Ufen (2008b, 2012).

(15) United Nations Develpment Programme (2019).

(16) Poushter, Bishop, and Chwe (2018). スマートフォンではない携帯電話まで含めると，フィリピンは 74%，インドネシアは 75% が携帯電話を所有していると報告されている。

(17) Ufen (2008a); Tomsa and Setijadi (2018).

(18) ディエゴ・フォサティらはインドネシアの有権者が政党よりも個人を支持していることを指摘するとともに，サーベイ実験によって，有権者の政策選好が誰を支持するかによって影響を受けることも示している (Fossati, Muhtadi, and Warburton 2019)。

(19) Beta and Neyazi (2019); 岡本・亀田 (2020)。

(20) Tomsa and Setijadi (2018).

(21) マレーシアでは伝統的なメディアへの信頼と現体制への信頼が正の相関にある一方で，インターネットメディアへの信頼が批判的な態度と正の相関にある (Gainous, Abbott, and Wagner 2018)。

(22) 穏健なマレー人中心主義が政権安定の基盤であったがゆえ (Raina 2016)，マハティール，そして基本的に同じ立場のアンワルの登場が政権交代を可能にしたという理解になる。

(23) Cabañes and Cornelio (2017).

(24) Kuhonta (2015).

(25) Kawanaka (2019).

(26) 川中編 (2018)。Diamond (2015); Waldner and Lust (2018).

(27) Bermeo (2016).

(28) Syjucom (2016).

(29) Gomez (2020).

(30) Svolik (2019). こうした有権者の価値の置き方をベネズエラとアメリカでのサーベイ実験で実証したものとして，Svolik (2020); Graham and Svolik (2020) がある。

(31) Cabañes and Cornelio (2017); Ong, Tapsell, and Curato (2019).

エピローグ

(1) Huntington (1968).

図表リスト

著者略歴

川中　豪（かわなか たけし）

一九六六年生まれ。早稲田大学法学部卒。修士（法学）早稲田大学、博士（政治学）神戸大学。現在、アジア経済研究所地域研究センター上席主任調査研究員。専門は、比較政治学、新興民主主義研究、政治制度論、東南アジア政治。主な著作に、*Political Determinants of Income Inequality in Emerging Democracies*（with Yasushi Hazama, Springer, 2016）、『後退する民主主義、強化される権威主義』（編著、ミネルヴァ書房、二〇一八年）、『教養の東南アジア現代史』（川村晃一との共編著、ミネルヴァ書房、二〇二〇年）などがある。

競争と秩序
東南アジアにみる民主主義のジレンマ

二〇二二年　五月一五日　印刷
二〇二二年　六月一〇日　発行

著者 © 川中　豪
編集　勝　康裕
装幀　コバヤシタケシ
発行者　及川直志
印刷所　株式会社　理想社
発行所　株式会社　白水社

東京都千代田区神田小川町三の二四
電話　営業部〇三（三二九一）七八一一
　　　編集部〇三（三二九一）七八二一
振替　〇〇一九〇・五・三三二二八
郵便番号　一〇一・〇〇五二
www.hakusuisha.co.jp
乱丁・落丁本は、送料小社負担にてお取り替えいたします。

誠製本株式会社

ISBN978-4-560-09434-1
Printed in Japan

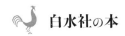